人力资源与企业文化建设探究

曹燕华◎著

吉林出版集团股份有限公司
全国百佳图书出版单位

图书在版编目（CIP）数据

人力资源与企业文化建设探究 / 曹燕华著. –– 长春:
吉林出版集团股份有限公司, 2022.10
ISBN 978-7-5731-2360-2

Ⅰ.①人… Ⅱ.①曹… Ⅲ.①企业管理 – 人力资源管
理 – 研究②企业文化 – 研究 Ⅳ.①F272.92②F272–05

中国版本图书馆CIP数据核字（2022）第186691号

人力资源与企业文化建设探究

RENLI ZIYUAN YU QIYE WENHUA JIANSHE TANJIU

著　　者　曹燕华
出 版 人　吴　强
责任编辑　马　刚
装帧设计　清　风
开　　本　710mm×1000mm　1/16
印　　张　7
字　　数　80千字
版　　次　2022年10月第1版
印　　次　2022年10月第1次印刷

出　　版　吉林出版集团股份有限公司
发　　行　吉林音像出版社有限责任公司
　　　　　（吉林省长春市南关区福祉大路5788号）

电　　话　0431-81629667
印　　刷　三河市嵩川印刷有限公司

标准书号　ISBN 978-7-5731-2360-2　定　　价　48.00元

如发现印装质量问题，影响阅读，请与出版社联系调换。

前　　言

对于企业文化与组织行为学的相互关系问题，特别是在企业发展过程中，随着信息化社会的发展，传统的人力资源管理模式与现有的模式不相适应。所以，加强人力资源管理与企业文化的相关性研究逐步成为现实管理的需要。基于当前人力资源管理与企业文化还存在很多复杂的环境因素，各地企业的发展水平差别很大，因此，想一劳永逸地作出相关研究结论也不是一件容易的事情。本书仅仅是对其中一部分进行合理的剖析，以求有创新之意。企业文化与人力资源管理的关系一直是学术界的热点，特别是随着近年来社会经济的快速发展，人力资源管理逐步朝着人性化的方向转变，因此人力资源管理与企业文化的互相渗透与融合已经得到了学术界的逐步认可和重视，研究人力资源与企业文化的相关性具有重要价值。

目　录

第一章　企业文化与人力资源

第一节　人力资源管理与组织行为学变迁

一、人力资源管理有着悠久的历史

早在远古时代，管理思想就随着人类的文明开化伴随着人类的生活和生产而在世界各地先后诞生。大约公元9000年前的中石器时代，在人类组成氏族、部落的同时，就出现了一些萌芽状态的管理工作。随后的几千年里，在世界各地兴起了许多人类文明，如古代两河流域文明、四大文明古国文明等。这些文明虽然所在的地域不同，但几乎无一例外都给后世留下了珍贵的管理思想。如古希腊的哲学家柏拉图在其巨著《理想国》中写道："每个人从事几种行业和坚守本行哪一种更好呢？"而他经过论述得出了这样一种结论："应该坚守自己的本行。"此外，苏格拉底、色诺芬等许多古代思想家也都对管理思想做了一定的论述。这些论述涉及方方面面，但主要集中于计划、组织、控制、人事以及管理的普遍性原则等问题，这些内容进而形成了连续而又立体的古代管理思想。在整个现代管理系统中，人力资源管理是一个重要的子系统，人力资源管理的发展也与整个现代管理的发展一样经历了一个不断演进的过程，在每一个阶段表现出不同的特征：

1. 早期的管理思想

早期的管理思想，是指19世纪末管理思想系统化之前，人类经管理实践和经验总结而形成的对管理某些方面的思考与认识。它经历了古代的管理思想、中世纪的管理思想和工业革命时期的管理思想，为现代科学化的管理思想奠定了实践基础。进入中世纪后，统治阶级的残酷和黑暗极大地阻碍了人类文明的进程，管理思想的发展自然而然地也受到了压抑，但并没有裹足不前。这一时期的代表人物是意大利的政治思想家和历史学家——马基雅弗利（Niccolo Machiavelli，1469—1527），他是中世纪管理思想的集大成者，著有《君主论》《论说集》等书。他是意大利新兴资产阶级的代表人物，创立了"马基雅弗利主义"。他认为：为结束政治割据，建立强大而统一的国家，君主可以不择手段。他的管理思想为当时的君王管理国家做出了很大的贡献。1765年，英国人瓦特发明了蒸汽机，这标志着人类历史进入了工业革命时期。在这一时期，生产关系发生了巨大变革，工厂制度得到了建立和发展，这些改变促使人们对管理产生了极大热情，同时产生了众多的管理思想家。詹姆士·斯图亚特（James Stewart，1712—1780）提出了工作方法研究，并阐述了刺激性工资的实质以及管理人员和工人之间劳动分工的概念。亚当·斯密（Adam Smith，1732—1790）在著名的《国民财富的性质和原因的研究》一书中系统地论述了"经济人"观点以及劳动分工理论，并提到控制职能以及计算投资回收期的必要性等问题。詹姆士·小瓦特（James Watt Jr.，1769—1819）在英国伯明翰附近的索霍厂实施了一系列早期的科学管理措施，如进行充分的市场调查与研究、制定详细的会计制度、推行职工福利制、制订员工培训计划等。罗伯特·

欧文（Robert Owen，1792—1871）被誉为现代人力资源管理的先驱，他在人事管理方面的实践与理论对后世的行为科学理论产生了极大的影响。查尔斯·巴贝奇（Charles Babage，1792—1871）则在科学分析的基础上，探索出某些管理规律或规则是可行的，并进一步发展了亚当·斯密的劳动分工理论。这一阶段的人事管理思想有着如下特点：（1）开始视人为经济人。（2）人事管理的主要职能是招募、雇佣工人。（3）管理者与劳动者有了明显差别。

2. 科学管理阶段

科学管理阶段，是指19世纪末至20世纪初这一阶段。随着资本主义从自由竞争到垄断的发展，科学思想占据了主导地位。其中，最为著名的代表人物是被称为"科学管理之父"的弗雷德里克·温斯格·泰勒（Frederick Winslow Taylor）。泰勒通过对工作方法、时间、动作的研究，认为企业所挑选的工人的体力和脑力应该尽可能地与工资要求相配合；只要工人在指定时间内以正确的方式完成了工作，就应该发给他相当于工资30%到100%的奖金。同时泰勒还认为，让工人最有效的工作方式就是用金钱来激励他们。在其著作《科学管理原理》一书中，充分体现了他的管理思想，并很快被世界范围内的管理者所接受。20世纪初被称为"组织理论之父"的德国社会活动家马克斯·韦伯（Max Weber，1864—1920）发展了一种权威结构理论，并依据权威关系来描述组织活动。他描述了一种官僚行政组织的理想模式。这是一种体现劳动分工原则的、有着明确定义的等级和详细的规则与制度的组织模式。在这些人事管理思想的影响下，这一阶段的人事管理思想有如下特点：（1）劳动计量标准化。（2）有计划的培训。（3）

劳动人事管理专门化。

3. 工业心理学阶段

工业心理学阶段，是指20世纪初至第二次世界大战。20世纪初，与泰勒对效率的极端关注不同，工业心理学更加关注工作和个体差异。亚伯拉罕·马斯洛（A. Maslow）的层次需求理论则指出了人们在金钱、物质之外，还有别的需求。哈佛大学的埃尔顿·梅奥教授（Elton Mayo，1880—1949）在西方电气公司设在伊利诺伊州西塞罗的霍桑工厂于1924—1927年实施了著名的霍桑试验。有关霍桑试验的结论主要集中在他的两本著作《工业文明中的人类问题》和《工业文明中的社会问题》中，主要阐述了以下思想：人的行为与人的情感有关系；社会关系对个体的行为有重大影响；企业中存在着正式组织，也存在着非正式组织；金钱不是决定产出的唯一因素，群体规范、士气和安全感对产出影响更大。霍桑试验的结论极大地带动了关于组织中人的行为和心理理论的研究，对管理者的管理实践产生了重大影响。管理学家运用心理学、社会学等学科知识，从个人、群体以及组织的各个方面来分析人的工作行为。不仅关心人的需求、动机和激励因素，而且研究环境的压力、沟通、组织变革、领导方式等。工业心理学强调，对管理活动影响的因素应从人的作用、需求、动机、相互关系和社会环境等方面进行研究，而研究如何处理好人与人之间的关系、做好人的工作、协调人的目标、激励人的主动性和积极性，以提高工作效率。在工业心理学的影响下，这一阶段的人事管理思想有如下特点：（1）承认人的社会属性。（2）承认非正式组织的存在。（3）承认管理的艺术。

4. 人际关系运动阶段

人际关系运动阶段，是指第二次世界大战后至20世纪70年代。这一时期劳资矛盾、人际关系、工作满意程度等问题更加突出。彼得·德鲁克（Peter Drucker）是当代西方影响最大的管理学者。其代表作有《管理实践》《有效管理者》《管理：任务、责任、实践》等。德鲁克提出了目标管理、商业模式、有效的管理者、企业家精神、直觉和创造精神、冒险精神等管理新观点，成为当代企业管理的重要指导思想。这一时期还强调要均等就业机会，1964年，美国《民权法案》第七章《公平就业法案》（EEO）对就业中的各种歧视作了规定，这标志着人事管理进入了比较严格和规范的时代，同时对人事管理的规范化管理和向人力资源管理过渡产生了极大的推动作用。这一阶段的人事管理思想有如下特点：（1）人事管理规范化。（2）强调均等就业机会。（3）人事管理法规出台。

5. 现代人力资源管理阶段

现代人力资源管理是20世纪70年代到现在，管理进入了多学派林立的"管理丛林"。彼得·德鲁克作为经验主义的代表人物，他的管理思想在这一时期产生了重要影响。德鲁克在1974年出版的代表作《管理：任务、责任、实践》中对组织与管理做了深刻、精辟的论述，他认为"人是我们最大的资产"，组织应使员工富有成就以便激励他们完成工作，并通过完成工作来使组织富有活力，并提出管理员工应做好目标制定、工作管理、信息沟通、工作成就评价和人的培养等工作，其职务要用客观、科学的方法来描述。他还提倡加强信息沟通、加强员工培训等内容。与此同时，人本主义学派认为，组织应当采用人本管理模式，坚持"以人为中心"和

"人是第一资源"；强调员工在组织中个人作用的同时强调团队的作用，鼓励员工在组织中得到积极发展，认为个人的发展对组织是有益的；主张对人力资源管理的重点是对员工进行开发和利用，强调对员工工作进行主动性、积极性、创造性的充分调动。由于这些观点占据了重要地位，传统的人事管理开始向现代人力资源管理转变。这一阶段的人事管理思想有如下特点：（1）以事为中心的管理转化为以人为中心的管理。（2）以管理为主转化为以开发培训为主。（3）刚性管理转化为柔性管理。

二、人力资源管理发展的新趋势

人力资源管理正在经历着前所未有的来自全球各种力量的挑战与冲击，如承受着信息网络化的力量、知识与创新的力量、顾客的力量、投资者的力量、组织的速度与变革者的力量等。这些变化趋势在影响着组织的运作理念和方式的同时，还影响着人力资源管理的实际内涵，对人力资源管理无论是从思想上还是职能方向上都提出了新的要求，使得21世纪的人力资源管理发展呈现出以下的新趋势：

1. 人力资源管理的全球化

由于电子通信、计算机网络等互动技术的迅猛发展和广泛运用，出现了许多大型跨国公司，相继到国际市场上寻求发展机会，金融资本和人力资源的流动趋向国际化。这导致组织内员工的差异比较大，表现在种族、信仰、文化、知识和技能等方面，对人力资源管理提出了更高的要求。因此，全球化的过程必将从观念上、文化上、组织上和方法上促进人力资源管理发生全方位的变化。换言之，人力资源管理在经济全球化的大背景下，必将以一个全新的新面貌呈现。

2. 人力资源管理的信息化

信息技术正不断渗透到人力资源管理的每一个领域，对人力资源管理的影响主要表现在三个方面：第一，信息技术使人力资源管理从烦琐的日常性工作中解脱出来，在大大提高了事务性、程序性工作效率的同时，使人力资源管理者的精力能够集中于更重要的工作上，以便发挥战略性作用。第二，信息化可以使企业实现人力资源与财务流、物流、供应链、客户关系管理等系统地关联和一体化。整合了企业内外人力资源的信息和资源，使人力资源管理真正成为企业的战略性工作。第三，员工将更加快捷有效地获取信息，作出新的决策和提出新的要求，更加自主地把握自己的前途。

3. 力资源管理的人本化

人力资源管理的根本思想发生了改变，过去强调"事"，现在则注重"人"。"人本主义"尊重员工的期望与自我发展，注重调动员工的积极性，强调员工个人与团队合作的协同，鼓励员工参与组织的管理活动。相应地人力资源管理部门也一改过去对员工"重管理、轻开发"的思想，逐步向开发员工能力、调动员工积极性、提高员工工作满意度等以人力资本为中心的思想方面发展，实现了人力资源管理的效能最大化。

4. 人力资源管理的服务性

21世纪，人力资源管理开始由行政权力型向服务支持型。转变人力资源管理不仅服务于公司的整体战略，更重要的是把员工当作客户，持续提供面向客户的人力资源产品服务。企业要想吸引、留住、开发所需的人才就必须赢得员工的满意与忠诚，把客户资源与人力资源结合起来，致力于提升企业的人力资本价值。

5. 人力资源管理的自主性

这主要体现在人力资源管理的方法发生了改变，由原来的人力资源部门集中、监督式的管理更多地向员工自主式管理转变。人力资源管理不仅仅是人力资源管理部门的责任，而且是全体管理者和全体员工的责任。人力资源部门的主要职责变为集中制定人力资源政策，可以帮助并监督各职能部门、个人执行政策；直线经理增加了人力资源管理的责任；员工增加了自主管理的责任，有了更多的参与管理与决策机会。在未来，我国企业和国外企业的合作更加频繁、竞争也愈加激烈，要想在持续的发展与竞争中胜出，必须紧紧跟随世界发展趋势，合理地运用管理方法，将企业带入一个新的高度，这样才能让企业保持长盛不衰。

三、人事管理的应用

1. 科学管理理论在人事管理中的应用

20世纪初，泰勒（Taylor）的科学管理理论在美国被广泛地采用。它对人事管理产生了重大的影响，引起了人事管理理论和实践上的一次革命。

在科学管理理论出现之前，企业管理员工的方式就是不断地监督和以辞退员工来进行威胁；几乎所有的企业都认为员工的生产力是相同的，如果员工的生产力不能达到相同的标准，就有被解雇的风险。而科学管理理论认为，所有员工的生产力不可能完全相同。泰勒等人相信，企业应该采取科学和客观的方法来研究如何最有效地设计工作。泰勒提出了科学管理的四个原则[①]：

（1）对员工工作的每一个要素开发出科学方法，用以代替老的经验方法。

（2）科学地挑选工人，对他们进行培训、教育并使之拥有工作所需的技能。

（3）与员工齐心合作，以保证一切工作按已形成的科学原则去做。

（4）管理者与员工在工作和职责的划分上是相等的，管理者把自己比工人更胜任的各种工作都承揽过来。

泰勒宣称企业如果遵循这些原则，会给员工和管理者双方带来繁荣，员工获得更多的收入，企业获得更多的利润。同时泰勒还认为，企业管理员工的关键是通过开发精确的工作分析方案来选择员工并以此来支付员工报酬。

科学管理理论首次运用了科学的工作分析方法并提出了以金钱为主要激励要素的激励理论。一般说来，这一时期人事管理的主要目的是激励、控制和提高员工尤其是新员工的劳动生产力水平。

然而，科学管理理论由于没有考虑员工的感受，仅仅把员工作为和机器设备一样的生产资料来对待，使员工对工作开始产生不满，从而影响了其激励效果的发挥。

尽管科学管理及其相关理论由于时代的局限存在许多在今天看来是相当不合理的成分，但是，将科学管理的观念引入到人事管理中，揭示了人

---

① Fredick W. Tayer：The principles of Scientific Management，New York: Harper & Row, 1911.

事管理和劳动生产力以及工作绩效之间的关系，说明通过有效的人事管理可以提高员工的劳动生产力和工作绩效，从而达到提高企业绩效的目的。

2. 霍桑实验和人际关系运动

由于科学管理理论中关于金钱是激励员工和提高员工生产力的唯一因素的理论在实践中难以得到证实，20世纪30年代，霍桑实验研究结果则使人事管理从科学管理转向了对人际关系的研究。1924年到1932年间，梅奥（Mayo）等人在芝加哥的西方电器公司霍桑工厂开展的实验活动，提供了有史以来最著名的管理研究成果①。霍桑实验证明，员工的生产力不仅受到工作方式设计和员工报酬的影响，而且还受到某些社会和心理因素的影响。如员工的感情、情绪和态度会受到工作环境的强烈影响，它包括群体环境、领导风格和管理者的支持等。

毋庸置疑，人际关系管理方法的运用改进了员工的工作环境，但在提高员工产出和增加员工满意度上，却收效甚微。其原因主要有以下几点：

（1）这种方法只是建立在简单组织中人的行为分析基础之上，然而"快乐的员工是一个好的员工"并未得到事实的证明。

（2）这种方法没有考虑到个体的差异性。

（3）这种方法也未能认识到对于工作结构和员工行为控制的需要。在很大程度上，它忽视了生产过程、标准和指导员工朝组织目标努力的规章制度的重要性。

（4）这种方法没有认识到人际关系只是保持高水平员工激励的许多必

---

① 张一弛编著.人力资源管理教程. 北京：北京大学出版社，1999：4.

要条件之一。例如，生产力的提高还可以通过绩效管理与评估系统、职业生涯开发、工作丰富化等来加以实现。

从20世纪50年代开始，人际关系的人事管理方法逐渐衰落，因其已经不能适应当时的人事管理需要。然而，追求良好的人际关系仍然是组织的一个重要的目标，只是这种管理方法不再成为组织中的主要管理风格。

3. 组织行为学理论的早期发展及其对人事管理的影响

组织行为学是"一个研究领域，它探讨个体、群体以及结构对组织内部行为的影响，以便应用这些知识来改善组织的有效性"[①]。组织行为学的发展使人事管理中对个体的研究与管理扩展到了对群体与组织的整体研究与管理，人事管理的实践也为此发生了很大的变化。

组织行为学对人事管理理论与实践的影响在20世纪六七十年代达到了顶峰，但在这之前的很长时间里，行为科学的产生与发展就对人事管理产生了一定的影响。早在1913年行为科学的研究先驱芒斯特伯格（H. Munsterberg）出版的《心理学与工作效率》一书，就对早期的人事管理产生了很大的影响。他的主要贡献在于：用员工的智力和情感要求来分析工作；用研制的实验室装置来分析工作。他对接线生进行了空间感、智商和身体的敏捷性等测试，结果证明，测试结果好的人在实际工作中也被认为是好的员工。这说明测试可以用来作为员工录用的一种辅助手段[②]。

组织行为学对形成个体、群体行为的动机和原因的研究促进了员工激励理论的完善和应用。20世纪50年代是激励理论发展卓有成效的阶段，这

---

① 罗宾森. 组织行为学. 北京：中国人民大学出版社，1997：9.
② 张一弛编著. 人力资源教程. 北京：北京大学出版社，1999.

一时期形成的三种理论都在不同程度上影响了人事管理理论和实践，即马斯洛的需要层次理论、麦格雷戈（McGreor）的X理论和Y理论以及赫茨伯格（Herzberg）的激励—保健双因素理论。

进入20世纪70年代以后，组织行为学中的激励理论有了很大的发展，产生了一些当代激励理论，如奥德佛（Alderfer）的ERG理论、麦克里兰（McClelland）的成就动机理论和认知评价理论、布罗德沃特（Broadwater）的目标设置理论和强化理论、亚当斯（Adams）的公平理论以及弗罗姆（Vroom）的期望理论。它们都有一个共同的特点：每一个理论都有相当确凿的支持性实际材料，因而它们对人事管理的影响是多方面的，并且已经被广泛应用到人力资源管理理论与实践中。

四、人力资源管理的提出

在人事管理近半个世纪的发展进程中，人事管理理论的研究对象和人事管理活动的实施对象都是建立在把组织的员工作为一个"经济人"而不是作为一个"社会人"来看待的基础之上的。随着科学技术的发展，人类社会开始进入后工业化时期。在后工业化社会中，员工的素质和需求发生了变化，具有相当知识基础和技能的员工大量出现，经济需求不再成为人们的唯一需求，员工在组织中的人性地位发生了变化。曾经作为组织生产资料的劳动力——员工开始成为组织的一种资源，因而，人事管理也就开始向人力资源管理转变，但是这种转变经历了一个相对长的时间，并且现在仍然在进行之中。

　　"人力资源"一词最早由彼得·德鲁克于1954年在其《管理的实践》一书中提出的。在这部学术著作里，德鲁克提出了管理的三个更广泛的职能：管理企业、管理经理人员和管理员工及它们的工作。在讨论管理员工及其工作时，德鲁克引入了"人力资源"这一概念。他指出，"和其他所有资源相比较而言，唯一的区别就是它是人"，并且是经理们必须考虑的具有"特殊资产"的资源。德鲁克认为，人力资源拥有当前其他资源所没有的素质，即"协调能力、融合能力、判断力和想象力"。经理们可以利用其他资源，但是人力资源只能自我利用。"人对自己是否工作绝对拥有完全的自主权"[1]。

第二节　人力资源管理的发展

　　随着知识经济时代的来临，高层次人才已成为事业单位竞相争抢的目标，人力资源随之成为极具潜力的产业。

一、产业化运作大势所趋

　　把人才服务作为一项产业来运作，是市场经济条件下人才市场自我壮大、迎接挑战、面向社会、走向市场的必然选择。

　　人才服务产业化就是把人力资源当作资本，以人才市场各种服务为

---

　　[1] Peter F. Drucker：The Practice of Management, 264页, New York: Harper & Brothers, 1954.

载体，把人才的智能当作特殊商品，并按市场规则和经济规律去开发和交换，在联合开发、共同经营、互利互惠、风险共担的基础上，实现人才的社会效益和经济效益。

二、产业化经营的基本形式

笔者认为，在产业化运作中，可以把人才招聘、人才培训、人事代理、人事考试、人才测评、人才租赁、人事咨询与策划、职业生涯规划与设计、国际人才交流与合作等作为人才服务业的主要经营业务。让人才价值在服务中升值是人才市场赖以生存的基础，综合开发人才资源，不仅可以促进人才有序流动，提升产业发展水平，而且能够有效提高人才市场的综合竞争实力。

三、产业化经营的竞争策略

1. 合并竞争

中小地区的人才中介机构数量不少，但规模较小，难以与强大的竞争对手匹敌。因此，可以以松散性的联合体或者以股份制的形式组建区域性的人才服务集团公司，本着资源共享、利益均沾、风险共担的经营宗旨，发挥整合优势，在合并竞争中谋生存求发展，共同盘活人才资源，抵御市场风险。

2. 加强合作与交流

人才资源资本不同于一般的商品，就某一个地区而言，在一定的时段内，其储备量是有限的，不可能在短时间内突击"生产"出来。在人才供求矛盾十分突出的形势下，就必须加强与外埠人才中介的合作与交流，架设人才资源沟通的桥梁，在调剂余缺中满足本地区的人才需求。如对急缺的高层次专业人才进行引进，对长线专业、低层次人才组织输出等，通过灵活多样的综合经营，促进人力资源的价值的实现。

3. 品牌经营

在人力资源的经营中引入品牌理念，向常规的业务经营注入现代商战气息，是提升经营理念的基本策略。就一些大型人才市场而言，如上海人才市场、深圳人才市场、北京人才市场、西安人才市场等，经过多年的市场洗礼，已经成为享誉海内外的知名品牌。而对中小型人才中介而言，则要在拓展服务内容、提高服务质量、扩大社会效益方面下功夫，全力打造经营品牌，以品牌优势抢占市场份额。

4. 特色服务

人力资源经营的特色服务是指人才中介机构根据人才和用人单位的不同需求，提供个性化服务，包括人才的个性化租赁、人才分类专卖、人才素质能力测评等。

与此同时，必须加强人才服务中介机构的自身建设：一是加强人力资源经营的载体建设；二是加速人力资源运营的市场化进程；三是提高从业人员队伍的整体素质。

四、人力资源管理发展过程中的早期理论

1. 巴克和人力资源职能理论

怀特·巴克（E.Wight Bakke），一位研究培训和跨学科工业关系的社会学家，在1958年发表了《人力资源功能》一书，书中详细阐述了有关管理人力资源的问题，他是把管理人力资源作为管理的普通职能来加以讨论的。

在其著作《人力资源功能》中，巴克还详细阐述了人力资源的管理职能是如何成为一般管理职能的一个部分，并经过仔细的考虑提出了这一职能的一些原则。他知道通常的管理工作是指为了实现组织的目标而进行的对组织资源的有效利用，这些资源包括资金、生产资料、市场、想法和人。巴克认为，对组织中任何一个资源的不善管理都将削弱整个组织的绩效，"对人力资源的重视不仅仅因为经理是人，而是因为他们是经理"。因此，巴克从以下七个方面说明为什么人力资源管理职能超出了人事或工业关系经理的工作范围[①]：

（1）人力资源管理职能并不是一个特殊的职能，它必须适应一定的标准，这个标准就是"理解、保持、开发、雇佣或有效地利用以及使这些资源成为整个工作的一个整体……"

（2）当所谓"真正重要"的职能，如生产和财务在平稳运行和盈利时，人力资源管理职能的方法已不是新提供的工具，确切地说，人力资源

---

① E. W. Bakke: The Human Resources Function, 198–200页, New Haven: Yale Labor Management Center, 1958.

管理必须在任何组织活动的开始就加以实施。

（3）人力资源管理职能的目标不仅是使个人快乐，而且要使企业所有员工能有效地工作和取得最大的发展机会，在最充分可能的范围内，利用他们所有的与工作相关的技能使工作达到更高的效率。

（4）人力资源管理职能不仅包括和人事劳动相关的薪酬和福利，还包括企业中人们之间的工作关系。人力资源管理应该能改进员工的工作程序、工作关系和增加工作机会，以此来减少由于厌倦和痛苦而产生的要求增加报酬的情况。

（5）人力资源管理职能并不只和员工有关，它还和组织中各个层次的人员都息息相关，甚至包括首席执行官（CEO）。

（6）人力资源管理职能必须通过组织中负责监督他人的每一个成员来实现，亦包括有工会存在下的经理人员。在这种情况下，直线管理（业务管理）在期望、控制和协调等其他的活动方面承担着基本的人力资源职能。

（7）所有人力资源管理的结果所关注的一定是企业和员工根本利益的同时实现。

巴克关于人力资源管理职能理论的阐述是非常清晰的，即使是在工会理论、管理理论和公共理论方面，却产生了很大的影响。

2. 迈尔斯和人力资源模式理论

1965年，《哈佛商业评论》发表了雷蒙德·迈尔斯（Raymond E. Miles）的一篇论文，由此，"人力资源"的概念引起了资深学者和管理人员的注意。迈尔斯关于管理态度的调查显示，大多数经理在对下属的管理中倾向于使用人事关系的管理模式，而且还倾向于要求他们的主管使用一定的人力资源模式来对他们进行管理。此外，他还建议在管理中用人力资源来代替员工的概念。

一方面，人力资源模式理论指导管理人员如何充分满足员工的经济需求。该理论认为，管理人员应把员工作为一个单个的人，要关心员工的福利和幸福。简言之，就是通过沟通，使员工确信他们对组织来说是非常重要的。另一方面，迈尔斯的这一理论是对麦格雷戈、李克特（Likert）等人理论的综合，他认为员工的经验和知识对组织具有很大的价值；员工参与和人力资源的充分利用都能达到改进决策和自我控制的目的，从而实现提高员工生产力和工作满意度的目标。

五、人力资源管理理论的发展

在20世纪70年代早期，人力资源管理理论几乎没有什么发展。1972年，作为经理培训组织的美国管理协会（AMA）出版了由达特尼克（R.L.Datnik）编著的《改革人力资源管理》一书，是一本供高级管理人员和员工关系管理人员阅读的实用手册。在书中，达特尼克强调了员工的需求、兴趣、期望与组织目标之间的一致性，以及"在组织中，人是最重要的资源"的观点。美国管理协会也变成了人事经理协会，它开始致力于提高人事经理的作用和重要性。在70年代中后期至80年代早期，由于有效的人力资源管理活动对组织的重要性日益增加和组织心理学、组织行为学的发展，人力资源管理再次引起了人们的高度关注。这一时期的人力资源管理理论主要集中在讨论如何实施有效的人力资源管理活动，以及通过对员工行为和心理的分析来确定其对生产力和工作满意度的影响，从而使人力资源更加关注员工的安全与健康。

六、人力资源管理发展中有关问题的讨论

自彼得·德鲁克在1958年首次提出"人力资源"的概念以来，经过许多管理学家的研究和努力，人力资源管理理论已日益为学术界和企业界所接受。人力资源管理理论与实践已经有了很大的发展，其理论体系与框架日趋成熟。但是，随着经济社会和科学技术的迅猛发展，人力资源理论和实践也必将随之发展。在人力资源管理理论演进的过程中，许多人力资源管理学家从各自的研究角度出发对人力资源管理理论和实践做了深入的探讨。这些讨论主要集中在人力资源管理的环境、人力资源管理战略、员工技能的多样化、劳资关系问题、员工/企业利益关系等方面。

（一）人力资源管理的环境

对于人力资源管理环境的争论主要集中在人力资源管理应在多大程度上考虑组织的外部环境，诸如组织外部的社会问题对组织的影响。一种观点认为，只要对组织的人力资源管理有利，能够使组织最大限度提高效率和效益，人力资源管理就应该更多地考虑这种外部环境对人力资源管理的影响。另一种观点则认为，仅仅考虑组织对环境的影响以及它对供应者如有技能的员工的依赖程度就足够了。

（二）人力资源管理的战略

如何使人力资源管理变得更具战略性各方面也存在不同的看法。对组织来说具有战略意义的许多重要问题，如健康保护、教育等，还没有引起人力资源管理的重视，人力资源管理还没有承担起它所应承担的责任。也有人认为，人力资源管理的职能没有必要扩展到这些方面。然而，有一个事实是目前大多数组织都存在的，即人力资源管理人员对组织整体运作，如战略规划、发展方向、生产经营等方面的知识和信息的了解不够。因此，人力资源管理人员虽然可以为业务部门提供最好的服务，但那只是作为"后台作业"的一种供应商式的服务，而不能像业务部门那样成为组织活动的中心，成为业务部门的一个平等的伙伴。这相应地也就使得人力资源管理无法进一步发挥它在企业战略中的作用。

（三）员工技能多样化

如果人力资源专业人员需要进一步培训或掌握一定的科学技术知识，那么，在有限的范围或实践上进行培训，是否就能达到提高他们的效率的目的，薪酬专家能够从事甄选测试技术的开发工作吗？对此，学者们有不同的看法，他们的主要分歧是：人力资源专业人员是否只需要学习有关人力资源管理方面的知识而不必掌握有关战略管理方面的知识，他们难道只需要学习传统的人事管理技能而可以不了解有关心理学方面的知识吗？

（四）劳资关系问题

传统的员工和管理人员之间是一种对立关系，那么现在是否有可能在他们之间建立一种和谐的关系模式呢？他们之间有共同点吗？劳资之间的冲突是否会一直存在下去？人力资源管理专业人员是破坏员工的实际利益的资方合伙人吗？当然，这里所说的合伙人的角色对于人力资源管理来讲，是实现企业的利益。我们是否有理由假设经理（包括人力资源经理）在实现企业利益上比其他方面做得更好呢？还是说，人力资源经理和其他经理与员工共同努力以实现企业和团体的最大利益，这才是真正意义上的合伙人关系。对于这些问题，许多学者的观点还没有达到统一或是趋于一致，而这也是当代人力资源管理理论和实践在劳资关系上需要探讨的问题。

（五）员工和企业的利益问题

霍夫斯泰德（Hofstede，1980）指出，在一些个人主义盛行的国家，采用团队方式的人力资源管理实践是否恰当，是否符合道德规范？如果我们不考虑员工在团队中的工作效率是否有助于提高工作质量，那么我们还能继续实施这种方法吗？总之，员工可以接受这种方法，但是，从长远来看，这种方法对他们是最有利的吗？同样，在一个团队中，新老员工都享受由团队的生产率决定的平均工资标准，这样公平吗？还有，要求员工互相评估，这和要求员工之间建立一种和谐一致的目标模式相符合吗？或者决定聘用谁、解雇谁，这也是公正和合理的吗？在这一系列活动过程中，组织是希望员工本人代表自己做出决定，还是希望员工通过他们的组织——工会来做出决定？当人力资源管理实践的范围逐步扩大的时候，组织正在变得比工会更加吸引员工吗？员工的授权是否变得越来越大？这些问题的出现，反映了人力资源管理和实践在日益变化的社会环境的影响下所产生的困惑和矛盾。

第三节 企业文化的内涵

企业文化，是指企业在长期生存和发展过程中形成的、为企业多数员工所共同遵守的经营观念或价值体系。企业文化的内容包括价值标准、企业哲学、管理制度、行为准则、道德规范、文化传统、风俗习惯、典礼仪式以及组织形象等。而共同的价值观是形成企业文化的核心。因此，企业文化也可以理解为以企业哲学为主导，以企业价值观为核心，以企业精神为灵魂，以企业道德为准则，以企业形象为形式的系统理论。

企业文化的内涵，可以从以下几个方面进一步理解。

一、企业文化的核心是企业价值观

企业总是要把自己认为最有价值的对象作为本企业追求的最高目标、最高理想或最高宗旨，一旦这种最高目标和基本信念成为统一本企业成员的共同价值观，就会构成企业内部强烈的凝聚力和整合力，成为统领组织成员共同遵守的行为指南。因此，企业价值观决定着企业的宗旨、信念、行为规范和追求目标，企业价值观是企业文化的核心。

二、企业文化的中心是以人为主体的人本文化

人是整个企业中最宝贵的资源和财富，也是企业活动的中心和主旋律，企业只有充分重视人的价值，充分调动人的积极性，发挥人的主观能动性，努力提高企业全体人员的社会责任感和使命感，使企业和成员成为真正的命运共同体和利益共同体，才能不断增强企业的内在活力和实现企业的既定目标。

三、企业文化的管理方式是以软件管理为主

企业文化是以一种文化的形式出现的现代管理方式，也就是说，它通过柔性的而非刚性的文化引导，建立起企业内部合作友爱、奋进的文化心理环境，自动地协调企业成员的心态和行为，并通过对这种文化氛围的心理认同，逐渐内化为企业成员的主体文化，使企业的共同目标转化为成员的自觉行动，使群体产生最大的协同合力。这种由软件管理所产生的协同力比企业的刚性管理制度有着更为强烈的控制力和持久力。

四、企业文化的重要任务是增强群体凝聚力

企业的成员来自五湖四海，不同的风俗习惯、文化传统、工作态度、行为方式、目的愿望等都导致成员之间的摩擦、排斥、对立、冲突乃至对抗，这很不利于企业目标的顺利实现。而企业文化通过建立共同的价值观

和寻找观念共同点，不断强化企业成员之间的合作、信任和团结，使之产生亲近、信任和归属感，实现文化的认同和融合，在达成共识的基础上，使企业形成一种巨大的向心力和凝聚力，这样有利于企业员工共同行为的齐心协力和整齐划一。

第二章 人力资源与组织行为视角下的企业文化

第一节 人力资源管理

人力资源管理可以划分为宏观人力资源管理与微观人力资源管理两个方面。宏观人力资源管理就是对社会人力资源的管理，是政府的一项重要管理职能。宏观人力资源管理的内容包括：宏观的人力资源状况预测及计划、战略的制定，就业政策的制定与就业管理，社会人力资源投资与投资政策制定，收入政策及其调节机制的设定，社会人力资源保护，组织并协调劳务输出与输入，人力资源管理法规的制定与实行等。

微观人力资源管理就是对企事业单位内部人力资源的管理。本书所讲的人力资源管理，主要是指企业人力资源管理。具体来讲，微观的人力资源管理是指对企事业单位内部的人力资源实行有效的开发和利用，改善企事业单位的氛围，提高经济效益。

一、人力资源管理的对象、层次和内容

人力资源管理与开发的目的是提高个人的工作业绩和组织的业绩，最终是组织的业绩。组织的业绩主要取决于个人的工作业绩。而影响个人

工作业绩的主要因素是个人特点、组织特点和工作特点，这三个因素的相互联系和作用决定了组织业绩的好坏。因此，人力资源管理的对象就是个人、工作和组织。据此一些专家认为，人力资源管理就是研究人与工作的匹配问题。按照匹配的观点，人力资源管理包括三个层次的内容：人力资源的分析和评价、人力资源的开发和干预、人力资源的激励和控制，具体内容如表2-1所示。

表2-1 人力资源管理的对象、层次和内容

对象层次	个人	组织	工作
分析和评价	能力、特点	组织诊断、岗位分析	工作特点
开发和干预	培训、设计	组织设计、管理方式	工作丰富化、扩大化、轮换制
激励和控制	薪酬、纪律	业绩评价、激励制度	组织方式、组织文化

企业人力资源的分析与评价，是指个人、组织和工作的特点进行辨识，从而为企业制定人力资源规划，员工的招聘和选择，以及为人力资源的开发和激励提供客观依据。企业人力资源的开发和干预，是指找出影响人力资源潜能和活力发挥的自身或外在因素，即首先分析影响员工工作绩效的原因，然后进行有针对性的开发工作。相关的开发工作包括培训、组织设计、工作设计和职业生涯管理。企业人力资源的激励和控制，是指激发和保持员工的工作积极性，具体工作内容涉及员工绩效的评估、薪酬计划、员工福利制度和组织文化建立等。

如果把企业看作一个资源转换器，那么人力资源管理就是如何选择和控制进入企业的人力资源，加以开发和利用，使之发挥应有的作用，然后根据企业发展战略需要保留或排出人力资源。简单来讲，在这一转换过程中，人力资源管理工作就是要实现求才、用才、育才、激才和留才的管理

模式（见表2–2）。

表2–2　企业人力资源管理的模式

	求才	用才	育才	激才	留才
目标	吸收和寻求优秀人才	充分发挥人才优势，恰当地使用人	通过培训教育，进一步开发人才潜力	通过各种激励措施，充分调动人才积极性	珍惜人才，留住所需人才
条件	建立和完善劳动力市场	尊重员工，信任员工	建立员工培训、教育体系	建立良好激励机制	树立人才是企业之本的意识
方法	人力资源计划，统一的选才标准，双向选择机制	关心人，大胆地使用人，创造人尽其才的环境，发挥个人、集体两个优势	个人开发、职工生涯开发、组织开发	目标管理配套考核、评估、与奖励机制	企业内部的文化与组织环境，企业外部的监督、约束与仲裁机制
关键	依靠良好的企业形象吸引人	树立"以人为中心"管理思想	形成"经营即教育"的管理哲学	产生企业文化的凝聚力作用	极大程度地满足员工需要

二、人力资源管理的实践

从战略人力资源管理的角度看，人力资源管理工作贯穿于组织在招聘人力的全过程：挑选前、挑选中和挑选后，并且在每一个环节的人力资源管理活动都对企业的竞争优势产生影响作用。

（一）人力资源管理挑选前的实践

在贯彻其他人力资源实践之前，确定需要什么样的人，多少人，什么待遇。工作分析和人力资源规划工作是其两个方面，谁先谁后，取决于用人的思想。比如在日本，招聘员工时大多注重素质，那么，人力资源的规划就重要，具体工作所需的知识和技能可以在进入企业后通过培训获得；而在美国，"一个萝卜一个坑"，工作分析就很重要。但是，美国也逐步在学习日本经验，重视企业自己的培训工作。现在大部分教科书都是先讲人力资源规划，后讲岗位分析、工作分析。但通常两者是相互结合的。

人力资源规划就是制订人力资源的总体战略计划，确定成功执行该计划所需员工数量和种类，进行人力资源供给预测分析，确定招聘、挑选、培训方案。工作分析就是收集、整理和分析有关工作的信息。工作分析的信息，几乎可用于所有的人力资源活动，比如决定符合招聘目标的工作资格，选择最适当的挑选技术，制定培养方案，开发绩效评估计分表格，帮助确定薪金比例，为生产力改进方案确定绩效标准。

（二）人力资源管理的挑选中的实践

人力资源管理的挑选实践主要包括人员的招聘和选择。招聘实践的目标在于迅速、合法和有效地找到一群合适的求职者。挑选就是从候选人中评估并选择企业所需要的人才，保证企业所录用的人员及其过程准确、合法和有效。

（三）人力资源管理挑选后的实践

挑选后的人力资源管理实践是维持、改善工作人员的工作绩效水平，内容包括培训和开发、绩效评估、确定报酬制度和促进生产率提高。培训和开发的目的，旨在通过提高员工的知识和技能水平去改进组织的绩效。绩效评估就是衡量员工的工作绩效，并把评价结果反馈给他们。评估的目的，是激励员工继续适当的行为，改正不适当的行为。绩效评估的结果可以用于与人力资源有关的决策，如晋级、降级、解职、提薪等。报酬包括

薪金和福利，报酬的目的是在企业成本负担得起的情况下建立和维持一支
胜任和忠诚的员工队伍。除通过业绩评估、奖励与惩罚等手段促进员工生
产效率提高外，企业还可以通过工作设计、工作组织、文化导向和创造帮
助员工成功的环境等手段和措施来实现。

第二节　人力资源管理效益

一、人力资源管理的收益

人力资源管理作为企业管理的一项重要工作，当然是为实现企业目标
服务的，要为企业在多变和激烈的市场竞争中生存与发展提供竞争优势。
就人力资源管理本身的目的而言，即合理有效地"吸收、保留、激发和使
用"企业所需的人才。因此，分别从企业整体目标考察和从人力资源管理
活动本身考察的人力资源管理收益是不同的。

从企业整体目标考察，人力资源管理的收益在于组织绩效的提高。米
切尔·谢帕克等人（Michael A. Sheppeck，2000）认为，组织绩效的提高是
企业的环境、经营战略、人力资源管理实践和人力资源管理的支持四个变
量相互联系、相互依存的复杂系统涌现行为的结果。人力资源管理不能单
独对企业的绩效产生作用，必须与其他三个变量相互配合并形成一定的关
系模式（Configuration）。

二、人力资源管理的成本

人力资源管理成本，是指企业为了获得和开发人力资源所进行的管理活动中付出的成本代价，通常又分为人力资源原始成本和人力资源重置成本。

人力资源原始成本是指为了获得和开发人力资源所必须付出的代价，通常包括招聘、选拔、雇用、就职、定向以及培训等活动过程中所需支付的费用。人力资源原始成本又包括取得成本和开发成本两类，其中取得成本包括招聘、选拔、雇用新员工所产生的费用，如广告费、代理费、差旅费、安置费以及有关人员的薪金等；开发成本则是指使得一个员工达到胜任某个职位的技能并取得预期业绩而付出的成本，既包括用于培训的学费、材料费、咨询费、劳动时间损失与生产率损失和学员的薪金，又包括提高工作生活质量而产生的费用，如医疗保健费用、保险费用、工作场所改善费用等。

人力资源重置成本是指由于置换目前正在使用的人员所应付出的代价。如果某个人离开企业，就会发生由于必须补充人员而导致的招聘、选拔和培训的重置成本。重置成本一般包括职务重置成本、空职成本和管理成本。其中职务重置成本就是用一个能够在某个既定职位上提供等同服务的人来替代目前正在该职位工作的人所必须付出的代价，包括取得成本、开发成本和遣散成本。空职成本，即由于员工离开，岗位暂时空缺而发生的空岗损失。管理成本，除了上述成本之外的用于处理职务重置而产生的管理费用。

人力资源管理成本也可以根据每项人力资源管理活动的具体情况来计

算。考核和计算人力资源重要管理活动的成本和收益，会产生一个专门的人力资源管理分支——人力资源会计。

人力资源会计最早是由美国俄亥俄州哥伦布市的巴里公司在其1967年年核算中公布的。为了精确估计人力资源的价值，这家公司把每个管理人员的费用都按照招聘和录用费用、正式的职前教育费用、在职培训费用、实践费用和发展费用五个分类账户记录和累计，然后将每个管理人员的总费用按其预期的工作时间进行分摊。会计师们把这种对管理人员进行估价的方式称为"会计学的资产模型"，也就是说，公司对每个管理人员的投资是通过在培养该管理人员的过程中实际发生的费用（历史成本）来衡量的。但由于这种方法只考虑了用于管理人员投资成本，而没有计算从这类投资中获得的收益，因此并未得到广泛应用。

另外还有一种计算人力资源管理成本的方法，就是强调员工的行为所带来的经济价值，也称"人力资源会计学的费用模型"。该模型将标准的成本核算程序应用于评价人力资源管理活动和员工行为的成本与收益。员工的行为成本分为可控成本和不可控制成本，相应地，计算人力资源管理成本的方法分为直接方法和间接方法。

直接方法就是计算实际发生的，以时间、数量或质量等形式出现的直接成本，如因管理不当、员工缺勤、怠工造成的生产质量和数量的下降、设备事故以及原材料浪费等造成的直接成本等。间接方法就是计算人力资源管理政策和活动所引起的，但不具有直接相互关系的间接成本，如员工对企业忠诚度下降、沟通不够、决策失误和信任不够等原因给企业造成的损失。对于可控成本，可以通过对人力资源管理政策和活动前后的核算获得，那么，成本的降低额就是人力资源管理的实际效益。这里举一个访谈成本计算模型的例子：

$$C/I = (ST + MT) / I$$

其中，C/I = 申请者平均访谈成本，ST = 花费在访谈上的总职员时间（访谈者单位小时费用X小时），MT = 花费在访谈上的管理时间（管理者单位小时费用X小时），I = 申请者访谈数量。

假定一个就业访谈专家工资是每小时12元，8个工作申请者每人访谈一个小时，部门经理个人访谈每人30分钟，每小时付费20元。那么，访谈成本是：

$$[(12 \times 8 \times X 1) + (20 \times 8 \times 0.5)]/ 8 = 22（元/人）$$

这个方程表明了利用更好的就业筛选手段来减少申请者，其带来的好处是可以节约成本。此外，当计算总的选择成本时，筛选时使用的如纸、笔、测试问卷设计等费用也应该计算在总成本内。

第三节　企业人力资源管理效益的评估

按照效益的一般定义，如果已知一项活动的成本和收益，那么相应地就能计算出该项活动的效益。上一节我们一直探讨企业人力资源管理的收益和成本支出，由此可知，不管是人力资源管理的收益还是由此而付出的成本，都难以得到准确的计算值，还需要研究和开发适用的能够反映企业人力资源管理绩效的其他测评方法。下面介绍一些实践中用来测评人力资源管理工作绩效的方法。

一、人力资源指数问卷调查

有些组织使用对待企业士气的态度测验来评估人力资源管理部门的工作成效，这些问卷试图将员工的态度与企业绩效联系起来。美国的一项研究表明，那些自认为在同行业中利润较高的企业比较多地采用雇员意向测验，而那些自认为在同行业中利润较低的企业则较少使用。

美国合益集团公司（Hay Group）指导的一项研究，考察不同业绩公司员工的态度，其中企业业绩以税收、资产增加等数据为基础，结果表明，业绩好的公司，人心所向。当然，员工的态度与公司效益之间的相关关系不是十分清楚，但至少说明这样一个事实：组织气氛好的企业业绩好，或者说成功企业的那种环境产生了良好的气氛。

目前关于员工意向的调查已经被一些企业和研究者有所拓展，开发出了人力资源指数问卷，用来比较自己公司的现在情况和历史情况，或者与其他公司相比较，旨在寻求改进人力资源管理的途径。使用者们认为，人力资源指数问卷在评估企业的民意、整体满意度、员工对组织目标的认同度以及辨识需要集中解决的困难或问题方面，是有效的。从另一个角度来说，虽然人力资源指数问卷能够说明人与企业效益之间的关系，但没有任何根据能阐明它们之间存在怎样的关系。

二、人力资源声誉

有些专家认为，人力资源管理工作的有效性是一种价值判断，因此，什么水平的客观业绩是有效的，什么水平的客观业绩是无效的，要通过人力资源管理对象的反馈意见来判断。持这种观点的人认为，描述顾客心中对人力资源管理活动的感觉是尤为重要的。这类研究表明，顾客感觉的人力资源管理效果与企业的业绩成正比。

人力资源管理部门工作的有效性不仅要在感觉上被认为是有效的，还要求其服务对象对此满意。但是，几乎没有证据说明客户满意程度与整个企业绩效之间到底是一种什么样的关系。

三、人力资源会计

人力资源会计是将企业的人力资源作为一种资产或投资来研究，核算人力资源管理政策和活动所导致企业人力资本的变化情况，如计算员工缺勤与离职成本、员工录用和培训的损益分析等。

但是，人力资源会计通常侧重于企业整体的人力资源的价值和贡献，并不着眼于人力资源管理工作部门的业绩。因此，该方法在将人力资源管理工作的绩效与企业绩效相联系时略显不足。

四、人力资源审计

人力资源审计，就是通过调查、分析和比较来评价企业人力资源管理的有效性。人力资源审计通过对统计数据和研究报告的开发与使用，试图评价企业人力资源管理活动已经取得的业绩状态，使管理者明确存在的问题和改进的方向。

人力资源审计的效果取决于审计指标的确定和指标的底线数值（标准）的拟定。表2-4是一个人力资源审计项目的例子。审计值是通过访谈、调查、观察以及这些方法的综合使用得到的。人力资源审计首先要确定管理要求在人力资源管理领域实现的目标，然后将人力资源管理活动与这些目标相比较。表2-5是一个人力资源管理审计表的例子。

表2-3 人力资源审计项目

部门职责	薪酬制度
部门机构	人力资源计划
部门人员	组织计划和发展
劳动关系	平等的就业机会
招聘和选用	安全
培训与开发	保障
雇佣关系	设备条件
雇员利益	文档

人力资源审计着眼于企业内部人力资源管理功能的有效性，包括人力资源管理部门的各类活动及其执行过程的管理效果，审计的目的是改善人力资源工作效率、保证有效的人力资源计划的所有部分各就其位、各负其责。简言之，人力资源审计是必须的、重要的，尽管它可能还不是非常有效的评估人力资源功能的方法。

表2-4 人力资源审计表

这个人力资源管理审计用于衡量一个组织基本活动的范围和效果。在打出你的分数之前，请考虑其他部门管理者和员工评价活动的情况。整个分数给出了你所在组织需要改进的方向。 说明：对于下面罗列的每一项，针对你的组织给出如下打分标准： 非常好（完全、及时和做得好）3分 比较适当（仅需要一些更新）2分 弱（需要大的改善或变革）1分 基本不存在0分

I.I.法律申诉	III. 维持人力资源
_____ 1. 平等就业机会需求	_____ 14. 正式的工资/报酬体系
_____ 2. 移民改革	_____ 15. 当前津贴计划或期权
_____ 3. 健康和安全	_____ 16. 员工认同计划
_____ 4. 工资和工时法律	_____ 17. 员工手册/人事制度手册
_____ 5. 愿意就业陈述	_____ 18. 旷工和跳槽控制
_____ 6. 隐私保护	_____ 19. 委屈解决程序
_____ 7. ERISA报道或申诉	_____ 20. 人力资源档案/信息系统
_____ 8. 家庭/医疗假期	IV. 开发人力资源
II.II.获取人力资源	_____ 21. 新员工导向计划
_____ 9. 目前工作描述和定义	_____ 22. 工作技能培训计划
_____ 10. 人力资源供给–需求评估（3年）	_____ 23. 员工发展计划
_____ 11. 招聘程序	_____ 24. 经理的评价反馈训练
_____ 12. 工作相关的有选择召见	_____ 总分数
_____ 13. 生理检查程序	

人力资源审计分数

有关人力资源审计分数的评估如下：

60–75分　人力资源活动是全面的、有效率的，能够满足大部分法律申诉要求。

45–59分　人力资源活动进行的良好，但比没有达到全面的、有效的要求。有一些法律风险可能存在。

30–44分　存在大的人力资源问题，需要在增加和变革人力资源活动方面给予明显的关注。

低于30分存在严重的潜在法律责任，明显的人力资源问题没有被处理。

五、人力资源案例研究

人力资源案例研究（HR Case Studies）就是通过对企业实施人力资源管理计划、政策和实践的具体案例，对其成功的经验和存在的问题加以总结。

案例研究需要得到人力资源管理部门和个人以及与人力资源计划或服务有关的参与者访谈得来的数据进行，成功的案例研究具有巨大的价值，与实际结果相结合的访谈会增加案例的说服力。

案例研究方法作为一种评估活动，并不是人力资源管理绩效衡量的标准，而是提供某项活动成功的证明；通常不能对某项特定计划或整个工作作出跟踪评估，而仅仅是某一时点上的一次性检验；通常是以主观性判断为依据的。此外，对某一个项目成功与否的判断，往往还受到参与访谈者、问卷的填写者和提供其他资料的人的影响。

六、人力资源成本控制

一般来说，人力资源管理工作的改变或者说开展人力资源管理活动，会带来开支的变化。所以，评估人力资源绩效的一种方法是测算人力资源成本并将其与标准成本相比较。有些组织甚至将其与其他组织，尤其是相似组织的相关成本相比较。

计算人力资源成本在美国是一种普遍的评估方法，美国国家统计局和其他机构通常报告员工成本以及其在薪资和公司预算中的比例。人力资源成本通常包括每一名员工的培训成本、福利成本、占总薪资成本的比重以及薪酬成本。

描述出企业人力资源成本的长期变化轨迹，有助于分析人力资源管理工作的效率。通常，人力资源成本控制方法仅仅利用企业记录资料的一部分。

记录的数据资料不仅为审计和评价一个单位的人力资源管理效率提供至了关重要的信息来源，而且也为人力资源问题的原因分析提供了基础。与研究人力资源有效性相关的记录的数据资料包括：每个雇员的人力资源开支、开支中报酬比例、总开支中人力资源部门开支的比例、雇用成本、跳槽率、旷工率、单位员工的报酬成本等。

第四节　企业文化的结构

根据企业文化的内涵与特点，可以看出企业文化的大致结构，再综合学术界的各种观点，企业文化的结构应包括物质层（器物层）、行为层、制度层和观念层四个层次。

一、物质层

企业文化的物质层是指企业员工创造的产品和各种物质设施等所构成的器物文化，它主要包括企业产品结构和外表、款式，企业劳动环境和员工休息娱乐环境，员工的文化设施，以及厂容厂貌等。物质层文化是企业员工的理想、价值观、精神面貌的外向反映，所以尽管它是企业文化的最外层，却集中反映了一个现代企业在社会上的外在形象，是社会对一个企业的总体形象的起点。物质层的载体是指物质文化赖以存在和发挥作用的物化形态。它主要体现在以下几个方面。

（一）生产设施及环境

物质文化载体中的生产设施如机器、工具、设备设施等，是企业直接生产力的实体，是企业进行生产经营活动的物质基础，它标志着人类文明进化的程度，是社会进步程度的指示器。

企业的生产机器、设备设施的摆放等往往折射出管理理念和企业的价值观。如在日本的许多企业中，对员工的关怀直接体现在对安全生产的重视上，对安全标语、安全设施、保养维护、安全检查、工厂平面配置、现场布置、区域划分均有整体的科学规划。丰田汽车厂就运用最佳动作的原理，将产品输送带抬高，使作业人员不必弯腰工作，既提高了劳动生产率，又减轻了工人的体力负荷。企业的技术、设备的现代化与企业的文明程度密切相关，它是企业进行经营活动的物质基础，是生产资料中最积极的部分。在现代企业中，职工凭借先进的技术、设备，使劳动对象达到预期的目标，为社会生产出质优、价廉的产品，创造优质的物质文化。

企业环境，主要是指工作环境，如办公楼、厂房、俱乐部、图书馆以及生活设施和环境绿化等，其也是企业文化建设的重要内容。一方面，优美的环境、良好的工作条件能激发职工热爱企业、积极工作的自觉性；另一方面，企业环境也是企业形象与经营实力的一种外在表现，在扩大企业的社会影响、拓展经营业务等方面，都会产生积极的作用。

（二）企业的产品

企业不仅通过有目的的具体劳动，把意识中的许多表象变为具有实际效用的物品，更为重要的是在这一过程中，不时地按照一种文化心理来塑造自己的产品，使产品的使用价值从一开始就蕴含着一定的文化价值。

企业生产的产品和提供的服务是企业生产经营的成果，它是企业物质文化的首要组成部分。可口可乐公司的老板宣称："即使我们的工厂在一夜之间烧光，只要我的品牌还在，我就可以马上恢复生产。"可口可乐公司之所以能有高达数百亿美元的品牌价值，就是因为它有着十分独特的品牌文化。

（三） 企业名称和标识

企业名称和标识是企业文化的可视性象征之一，充分体现出企业的文化个性。企业名称和标识还被企业作为一种文化、智慧、进步的结晶奉献给社会，以显示其文化风格。

企业标识是以标志性的外化形态来表示本企业的文化特色，并与其他企业文化明显地区别开来的内容，包括厂牌、厂服、厂徽、厂旗、厂歌、商标等。这些标识能凸显企业的特色，既有助于企业形象的塑造，又有助于激发职工的自觉性和责任感，使全体职工自觉地维护本企业的良好形象。因此，企业标识已成为企业文化的最表层但又不可缺少的组成部分。

二、行为层

企业文化的行为层是指企业员工在生产经营、学习娱乐中产生的活动文化，包括企业经营、教育宣传、人际关系的活动、文娱体育活动中产生的文化现象。一方面它是企业经营作风、精神面貌、人际关系的动态体现，另一方面也折射出企业精神和企业的价值观。

根据不同的行为主体，企业行为可以划分为企业家行为和员工行为。

（一）企业家行为

企业家是企业的灵魂。企业文化是企业创始人、领导人、企业制度建立者和社会建筑师的创业活动的结果。企业家行为决定了企业文化的健康与优化的程度，决定了员工对企业的信心程度，也决定了企业在未来竞争中的胜负。可以说有什么样的企业家，就有什么样的企业和什么样的企业文化。

企业家是企业文化的主导者，对企业文化有着决定性的影响。企业家作为企业文化的设计者、倡导者、推动者、弘扬者，通过将自己的价值观在企业经营管理中身体力行、推而广之，形成企业共有的文化理念、企业传统、风貌、士气与氛围，也形成独具个性的企业形象以及企业对社会的持续贡献。

综观成功的企业，几乎所有优秀的企业领导者总是会不惜耗费时日去创造、倡导、塑造、维护自己或创造者们构架的具有强势力量的企业文化，并通过自己的行为不断地对员工和企业施加积极的影响。"世界船王"包玉刚一向以稳健、谨慎的风格来经营企业，没有十分的把握，他不会冒险决策。回避风险成为他事业成功的重要秘诀。他这种稳健、谨慎的风格直接影响到他的旗下的几十家集团、公司，使整个企业所烘托出来的文化处处表现出安全可靠、处处为客户着想的氛围。这些文化反过来又帮助了包玉刚以卓著的信誉、良好的经营风格不断扩大自己的企业王国。由此可见，企业家的特殊风格直接影响和左右着企业文化。

（二）员工行为

企业员工是企业的主体，企业员工的群体行为决定了企业整体的精神风貌和企业文明的程度。因此，企业员工群体行为的塑造是企业文化建设的重要组成部分。

美国著名的连锁店"沃尔玛"以其"和气生财"的企业理念闻名于世，而让这种精神传遍世界各地的则是"沃尔玛"的无数员工。无论哪个顾客，只要进入任何一家"沃尔玛"，从你进门到出门，"沃尔玛"员工的微笑都会一直伴随着你，让你倍感亲切、愉快，在这种情况下，人们都十分愿意"慷慨解囊"。这里的员工不仅把顾客当作消费者，而且十分愿意把顾客当作朋友，从这些员工身上散发出来的企业文化，不仅烘托起"沃尔玛"固有的文化，而且还以这种文化去影响一批又一批的顾客，使他们也融入这种文化之中。

三、制度层

制度层即企业的制度文化，它在企业文化中居于中层，是具有本企业特色的各种规章制度、道德规范和职工行为准则的总称，既包括厂规、厂纪以及生产经营中的交往方式、行为准则等，也包括企业内部长期形成的企业风俗，是一种强制性文化。企业制度文化是企业为实现自身目标对员工的行为给予一定限制的文化，它具有共性和强有力的行为规范的要求。企业制度文化的"规范性"是一种来自员工自身以外、带有强制性的约束，它规范着企业的每一位员工。

在企业文化中，企业制度文化是人与物、人与企业运营制度的结合部分，它既是人的意识与观念形成的反映，又是由一定物的形式所构成。同时，企业制度文化还表现在它是精神与物质的中介。制度文化既是适应物质文化的固定形式，又是塑造精神文化的主要机制和载体。正是由于制度文化这种中介的固定，使它对企业文化的建设具有重要的作用。

四、观念层

企业文化的观念层是现代企业文化的核心层，是指企业在生产经营中形成的独具本企业特征的意识形态和文化观念，包括企业精神、企业价值观、企业理念、企业理论等。由于精神文化具有企业的本质特点，因此它是在企业多年的经营过程中逐渐形成的。

（一）企业精神

企业精神是现代意识与企业个性相结合的一种群体意识。一般来说，企业精神是企业全体或多数员工共同一致、彼此共鸣的内心态度、意志状态和思想境界。它可以激发企业员工的积极性，增强企业的活力。企业精神作为企业内部员工群体心理定式的主导意识，是企业经营宗旨、价值准则、管理信条的集中体现，它们共同构成了企业文化的基石。

企业精神源于企业生产经营的实践。随着这种实践的发展，企业逐渐提炼出带有经典意义的指导企业运作的哲学思想，成为企业家倡导并以决策和组织实施等手段所强化的主导意识。企业精神集中反映了企业家的事业追求、主攻方向及调动员工积极性的基本指导思想。企业精神常常以各种形式在企业组织过程中得到全方位强有力的贯彻。于是，企业精神常常成为调节系统功能的精神动力。

日立公司是日本四大电器公司之一，具有上百年的历史，由于它历来重视技术，在日本素有"技术的日立"之美称，其倡导的"日立精神"就是"诚""和""开拓精神"。"诚"代表产品信赖度，即经过严格的质量管理，给顾客提供最佳产品。"和"就是要求广大的日立员工广开言路，团结凝聚成一股强大的合力以发挥最大的力量。"开拓精神"就是继往开来、先苦后甜、永不停歇的开拓。这三位一体的"日立精神"不仅给具有民族特色的传统思想"诚""和"、注入了新鲜内容，而且把它与现代的口号"开拓精神"巧妙地结合起来，形成具有特色的企业文化。

（二）企业价值观

所谓价值观，简单地讲，就是关于价值的观念，它是客观的价值体系在人们主观意识中的反映，是价值主体对自身需求的理解，以及对价值客体的意义、重要性的总体看法和根本观点。它包括价值主体的价值取向、价值主体对价值客体及自身的评价。企业价值观,是指企业中绝大多数员工所共同持有的价值观，对一个企业而言，只有当绝大多数成员的价值观取向一致时，企业价值观才能形成。企业价值观是企业推崇和信奉的基本行为准则，是企业进行价值评价、决定价值取向的内在依据。

国内外成功企业的经验证明，积极向上的企业价值观，能使员工把维护企业利益促进企业发展看作有意义的工作，从而激发员工极大的劳动热情和工作主动性，使企业的外部适应能力和内部协调能力得到加强，企业也由此获得成功和发展。

（三）企业理念

企业理念是一个总概念，它包括企业存在的意义、经营信条和行为规范等，并表达企业存在于这个世界上的使命是什么，宣告如何去实现这一使命。企业理念一般是在长期的生产经营实践中逐步建立起来的，表现为企业所遵循的根本原则及企业全体员工对共同理想和信仰的追求，实际上是企业文化中的一个组成部分，主要以企业精神的形式反映出来，是企业文化中经营哲学、价值观、经营宗旨等内容的凝结和提炼，是企业的灵魂。建立在企业群体文化知识、理想认同和行为规范上的企业理念，对外能够昭示企业所确立的社会身份、精神面貌和经营风格，对内能够成为全体员工的统一意志，唤起员工的巨大工作热情，促进企业充满活力。

企业理念是一个整体概念，它以企业的价值观为基础，以企业的组织系统和物质系统为依托，以企业员工的群体意识和行为表现形成一个企业特有的生产经营管理的思想作风和风格。

（四）企业伦理

伦理文化是一种最直接的社会文化层面。同样，企业伦理是现代企业文化的重要组成部分，它是一种社会意识，是一种微观的道德文化，同时，它又是一种新的富有效力的管理理念，即主张以人为核心，用道德观念和道德规范来调节企业员工的行为。任何一个企业的文化，如果离开风尚、习惯、道德规范，就是不成熟、不系统的，它就不可能是一种成功的企业文化。因此，在建设企业文化时，必须高度重视企业伦理建设。

第五节 企业文化的功能

企业文化作为一种理性的和自觉的文化，具有其特定的功能。而认识、把握、实现企业文化的特定功能，正是研究企业文化的根本目的。实践证明，企业文化和企业经营的成败关系极大，优秀的企业都是因为它们具有独特的文化性质，企业文化的功能得到了充分的发挥。

企业文化不同于一般的社会文化，企业文化的功能与一般的社会文化功能也不相同。

一、导向功能

企业文化反映了企业整体的共同追求、共同价值观和共同利益。这种强有力的文化，能够对企业整体和企业每个成员的价值取向以及行为取向起到导向的作用。对于一个企业来说，企业文化一旦形成，它就建立起自身系统的价值和规范标准，对企业成员个体思想和企业整体的价值、行为取向发挥着导向作用。

企业文化的导向功能，主要是通过企业文化的塑造来引导企业成员的行为心理，使人们在潜移默化中接受共同的价值观念，自觉自愿地把企业目标作为自己的追求目标来实现。

企业文化的导向功能具体体现在规定企业行为的价值取向、明确企业的行动目标、建立企业的规章制度等方面。正如迪尔和肯尼迪在《企业文化》一书中反复强调的，"我们认为人员是公司最重要的资源，管理的方法不是直接使用计算机报表，而是经由文化暗示，强有力的文化是引导行为的有力工具，它帮助员工做到最好。"

二、凝聚功能

企业文化通过沟通企业职工的思想，使之形成对企业目标、准则、观念的认同感，产生对本职工作的自豪感和对企业的归属感，使自己的思想感情和行为同企业的整体联系起来，这就是企业文化的凝聚功能。良好的企业文化会使职工与企业形成一定的相互依存关系，从而产生对企业的某种群体意识。这种意识能使个人行为、思想、感情与企业整体统一起来，产生一种合力，使企业内部组织一体化，朝着一个共同的目标努力。

一般来说，良好的企业文化还会使企业职工产生强烈的归属感，从而形成强大的凝聚力。企业文化的群体行为模式，首先表现为企业员工的归属感。在企业这个群体中，个体虽说具有相对的独立性，但不是超越群体的孤立者，而是归属于这一群体的个体，个体通过参与群体的活动，利用种种措施来释放自身的能力，发挥聪明才智，为群体的发展做出贡献。同时，群体对个体的作用也进行鼓励和认可，这样就会大大增强个体"主人翁"地位的自我感觉，增强对群体的归属感。

三、激励功能

企业文化中的员工士气激励功能，是指企业文化以人为中心，形成一种人人受重视、人人受尊重的文化氛围，激励企业员工的士气，使员工自觉地为企业而奋斗。企业文化对企业员工不仅有一种"无形的精神约束力"，而且还有一种"无形的精神驱动力"。这是因为，企业文化使企业员工懂得了他所在企业存在的社会意义，看到了他作为企业一员的价值和自己生活的意义，就会产生一种崇高的使命感，以高昂的士气，自觉地为社会、为企业、为实现自己的人生价值而勤奋地工作。

企业文化的激励功能具体体现在两方面：

一是信任鼓励。只有使员工感到上级对他们的信任，才能最大限度地发挥他们的聪明才智。

二是关心鼓励。企业各级主管应该了解其部属员工的家庭和思想情况，帮助他们解决在工作和生活上的困难，使员工对企业产生依赖感，充分感受到企业的温暖，从而为企业尽职尽责。

四、约束功能

企业文化的约束功能是通过制度文化和道德规范发生作用的。一方面，企业规章制度的约束作用较为明显，而且是硬性的，规章制度面前人人平等；另一方面，对于企业的伦理包括社会公德和职业道德，是一种无形的、理性的韧性约束，员工必须遵守。

沃尔玛公司十分注意吸收优秀人才，极力做到"人尽其才，人尽其用"，并且采用一定的标准提高员工形象与员工素质，保持与发展了公司"和气生财"的传统，坚决执行了"第一条：顾客永远是对的。第二条：如有疑义，请参照第一条"的"沃尔玛十项基本原则"，包括顾客原则、促销原则、人才原则、沟通原则、道德原则、合作原则、平等原则、权力下放原则、遵纪守法原则、降低成本原则。这种企业文化使沃尔玛公司的业绩蒸蒸日上，成为世界著名的连锁店。

五、辐射功能

企业文化与社会文化紧密相连，它在感受社会大文化影响的同时，也在潜移默化地影响着社会文化，并对社会产生一种感应功能，影响社会，服务社会，成为社会改良的一个重要途径。

企业文化不仅在本企业发挥作用，而且会对社会辐射和扩散。首先，企业文化可以通过企业精神、价值观、伦理道德向社会扩散，与社会产生某种共识，并为其他企业或组织所借鉴、学习和采纳。中国百年老店——北京同仁堂药店，把生产"药"提升到精神"德"的高度，"同声同气济民济世，仁心仁术医病医人"，"炮制虽繁必不敢省人工，品味虽贵必不敢减物力"。他们把经商和做人融为一体，在弘扬中华民族医学传统的同时，充分表现了中华民族传统文化中的道德价值和人格、国格意识，使顾客在购药用药时也体会到"同仁堂"员工美好的情操和高尚的品质。其次，企业文化也通过员工的思想行为所体现的企业精神和价值观，向社会传播和扩散。比如，美国IBM公司有"蓝色巨人"之称，这名字源于公司的管理者人人都穿蓝色的西服，在股票市场上IBM的股票属业绩优良的蓝筹股。凡是在IBM有过工作经历的人，都是社会上争先抢聘的对象。

第三章 企业文化视角下的人力资源与企业效益的关系

国内外的研究无不表明，人力资源是既组织重要而又稀缺的资源，也是组织创造价值的重要源泉。那么，是不是说一个企业有了足够的人力资源其效益就一定能提高呢？显然，答案是否定的。人力资源本身不会自发地为企业创造效益，最终要看如何去使用这一"资源"。厉以宁教授在谈到企业留住人才、发挥人才作用问题时认为，公平来自认同感，效率取决于个人目标与组织目标的一致性、内部冲突的化解和激励与惩罚机制的建立。20世纪90年代发展起来的战略人力资源管理之所以得到越来越多的企业推崇，其原因也就在于它从理论上将人力资源管理实践活动与企业的竞争优势联系在一起，使人们认识到人力资源管理与企业效益之间具有正向作用的关系。

已有研究表明，人力资源管理的各项实践活动对企业效益有着或多或少的影响，这种影响不仅体现在企业的财务业绩上，还体现在对企业战略的实施与战略目标的实现等方面。那么从整体上（或者说能否从整体上）讲，人力资源管理与企业效益之间到底具有什么样的关系呢？已有的研究采用累计叠加方法来测量两者的关系，即将每一项人力资源管理的实践活动所产生的影响简单地叠加为一个整体变量，来衡量人力资源管理对企业效益的影响。换言之，就是看一看企业效益中有多少能够为某一项特定的人力资源管理实践活动解释。这是典型的机械还原论的办法，因此受到了许多批评，如麦克杜菲（MacDuffie，1995）和杨德等（Youndt et al.，1996）。

随着所研究问题的不同需要而有着不同的定义，各种定义从不同的侧面反映了企业的状态和"输出"。那么，在关于人力资源管理与企业效益之间关系的研究中应该采用什么样的企业效益定义呢？能否设计出一套适用于所有企业的企业效益指标？这些都需要在两者关系研究之前给出界定或解释。

而研究人力资源管理与企业效益之间的关系，需要在清楚了解人力资源管理的政策和活动内容的基础上，理解企业效益的概念并给出其定义，然后叙述它们之间的关系以及影响这种关系的因素。本章按照这一思路展开叙述。

第一节　企业效益分析

企业效益的取得是企业管理的结果，人力资源管理是企业管理的一项重要内容，当然也是人力资源管理的部分结果。但是，人力资源管理效益与企业效益是范畴不同的概念。

效益通常是指消耗与成果间的比较，比如"以最小的消耗取得最大的成果""以等量的消耗取得最大的成果"或者"以最小的消耗取得等量的成果"。所以，研究企业效益首先要研究企业的投入与产出，而对于企业的认识不同，对企业的投入与产出的理解就会有差异，尤其对企业的产出目标会有不同的要求。因此，在研究企业投入与产出之前首先要了解有关企业的理论。

一、企业理论

关于企业概念，不同的企业理论具有不同的理解。

新古典企业理论认为，企业就是用最小的成本投入谋求最大利润的生产单位。这里没有考虑企业内部成员及其组织，而是把企业看成投入产出的转换机器，也没有解释企业与市场之间的边界以及所遇到的相应问题。

企业的交易成本理论认为，组织交易方式的不同会导致成本结构根本上的不同，企业和市场都是组织生产的有效方式，企业通过行政方式来组织生产，市场通过价格机制来组织生产，企业之以有能够产生和存在，是因为合同是不完全的，而不完全的合同是有成本的。一项交易是通过市场机制完成还是通过企业内部组织完成，取决于哪种方式所需的成本低。所以，企业是合同的联结体。从交易成本理论看来，企业的目标是谋求利润最大化。

企业的委托—代理理论，主要关注企业内部的优化激励和企业之间的优化合同程度，考虑在委托者和代理者双方信息不对称的情况下，如何设计优化激励方案，即用最少的代理付给诱导代理者实现委托者的追求的目标。这一理论也没有顾及企业内部的组织问题和企业与市场之间的边界问题。

企业的联合体或一般均衡观点理论认为，企业是由异质的代理者

（agents，或称智能体）构成的，他们具有自己的偏好和能力。一个企业就是这些异质体的稳定联合体（Kihlstrom and Lafont， 1979），包括劳动者、物质资料投入者和资本投入者、产品消费者相互之间的契约关系，如图3-1所示。这一理论指出了企业是利益各方合作的结果，因此，企业也应该代表各方的利益；也涉及了企业与市场之间的关系。

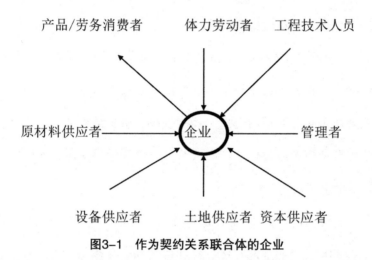

图3-1　作为契约关系联合体的企业

企业的演化经济学理论认为，企业的未来发展是由创立者和经历过的路径所决定的；企业的行为是渐进主义的和利润搜索的，而不是利润最优化。

企业的系统理论认为，企业是由两个以上生产要素构成的，为了实现一定目的，相互联系、相互作用、相互依赖的有机整体。在这一理论中，企业被看作一个系统，通过讨论系统的结构和组成要素之间的关系与系统功能的关系，探讨企业发展的途径和条件；强调了企业内部单位（包括个人）与单位以及企业内部与外部环境之间的相互关系对企业发展的影响作用。企业的演化经济学理论也是一种系统理论。

二、企业的目标与投入

企业是人为建立起来的产物，是为实现企业创立者的目标服务的。企业最原始而直接的目标是追求利润，但从动态发展的观点看，企业的目标是多维的。

我们对企业的目标分类讨论如下。

（1）企业的经济目标。赢得利润是企业生存和发展的基本目的和要求，即用最少的投入消耗获得最大的产出和利润。影响企业经济目标实现的因素主要在于企业所采用的技术经济手段、组织结构形式、企业管理思想和方法以及所生产或提供的产品或劳务。市场需求决定企业的投入，中间生产环节决定"效率"和"效益"。

（2）企业的发展目标。企业是经济社会活动中的一分子，其经济目标的实现依赖于其所处的外部环境条件和内在的生存能力。所以，企业要在日益复杂、动荡不安的环境下生存与发展，需要从两个方面努力：第一，提高自身的生存能力或适应能力。比如，提高企业的生存能力的前提就是培养自己的核心业务能力，企业文化建设是为了提高企业的活力，而组织结构的扁平化、企业内部市场化和建立企业间的动态联盟则是为了提高企业适应市场不断变化的外部环境。第二，选择、培育、改变企业生存的环境条件。比如开拓新的市场、开展跨国经营、提高顾客对企业的满意度和忠诚度、建立良好的社会公共关系等，都是为企业寻求生存和发展所需的各种适宜的资源。

（3）企业的自身目标。组织存在的目的是实现组织成员共同拥有的目标。企业作为一种组织，自然有着其自身的目标。按照企业的联合体理论，企业组织的成员由投资者、管理者、员工和供应商、消费者等共同组成。其中，供应商、消费者很可能又是其他企业组织的其他类型的成员。企业组织的各方成员既有相同的目标，也有不同的目标，包括经济目标和发展目标，如个人财富目标、价值实现目标、人际关系目标、政治抱负等。

（4）企业的社会目标。企业的活动受到所在社会政治、经济制度的规范和约束，企业追求自身目标的前提就是为社会服务。因此，企业要建立起与外部环境协调的、共生进化的关系。比如，遵守国家法律、法规，生产或提供人民生活需要的产品或劳务，降低资源消耗，保护环境，倡导高尚的企业文化推动社会文明进步等。

为了实现企业的目标，企业必须给予相应的投入。企业投入的资源通常包括人力资源、财务资源、物质资源、市场资源、信息资源，也有认为还包括时间资源、知识资源。其中，人力资源是指企业正常活动所需的具有一定智力、技能的人，包括管理人员、业务技术人员、办公人员和一般工人；财务资源就是企业正常活动所需资产，包括固定资产和流动资产；物质资源是指企业的生产设备、实施、工具和自然资源；市场资源是指企业拥有的供货商、销售商和属于企业自己的顾客群；信息资源是指企业正常生产经营活动所需的各种信息，包括国家方针、政策，法律法规，世界政治、经济、科技的发展现状与变化趋势，市场供给与需求现状与趋势等。企业拥有知识的多少，往往决定了企业竞争优势的高低，是企业在不确定的复杂环境条件下生存与发展的最重要资源。此外，距离订货剩余的时间，对于企业完成任务来讲也是一类短缺的资源。

第二节　人力资源管理与企业效益的关系分析

一、员工个人绩效与企业效益的关系

（一）员工个人绩效

企业绩效取决于个人绩效。然而，一个人对于一个企业的贡献有多大？国内外还没有很好的答案。其实，如何回答这个问题的是一个方法论问题。如果把由人构成的企业作为一个有机系统来看待，个人只是这个系统的一个要素，从系统论看，要衡量出个人对于企业的贡献是很困难的。一个人作用的发挥，只有在他与工作、工作的条件以及组织方式联系起来，才能从企业的整体上反映出大家共同作用的效果，并受到三者关系的影响。所以，尽管衡量个人的绩效是困难的，但是企业绩效一定是依赖于个体员工绩效的。

（二）个人绩效与企业效益的关系

有许多因素影响个体员工的绩效，如他们的能力、受到的激励和支持、从事工作的特性以及他们与组织的关系等。一个企业里人力资源部门的部分工作就是设法解决这些方面所存在的问题。评估人力资源管理对组织效益的贡献是从两个方面展开的，一是评估人力资源管理所导致的以人为中心的结果，在此使用员工个人的工作满意度和对企业的忠诚度两个指标考察；二是评估人力资源管理所导致的以组织为中心的结果，从个人角度考核就反映在个人的生产率、所生产或提供服务的质量以及服务满意度三个方面。

二、人力资源管理与企业效益的关系

劳伦斯·S. 克雷曼（1999）提出的人力资源管理对企业竞争优势作用方式的思想，也可以用于分析人力资源管理对于企业效益的作用。人力资源管理活动本身所产生的效益和费用支出，对企业效益产生了直接的贡献或者损害，这是人力资源管理对企业效益的直接作用结果；有效的人力资源管理政策和活动所导致的企业收益提高或成本降低，是人力资源管理对企业效益的间接作用过程。

人力资源相关活动的成本和收益有些是可以计算的，比如招聘成本、选择成本、培训成本、解雇成本等，这些活动与企业效益之间的关系是可以直接找出来的；人力资源管理政策或活动所导致的生产效率、产品质量、服务水平以及旷工和跳槽率等，也都是可测量的，即人力资源管理对企业效益的间接作用部分也是可以测算的。

人力资源管理目标是根据企业总体目标来确定的，人力资源管理部门再根据目标确定企业人力资源管理的政策和活动，通过人力资源管理效益实现企业效益。

三、我国企业文化建设中存在的误区

1. 注重企业文化的形式而忽略了内涵

企业文化活动和企业CI形象设计都是企业文化表层的表现方式。企业文化是将企业在创业和发展过程中的基本价值观灌输给全体员工，通过教育、整合而形成的一套独特的价值体系，是影响企业适应市场的策略和处理企业内部矛盾冲突的一系列准则和行为方式，这其中渗透着创业者个人在社会化过程中形成的对人性的基本假设、价值观和世界观，也凝结了在创业过程中创业者集体形成的经营理念。将这些理念和价值观通过各种活动和形式表现出来，才是比较完整的企业文化，如果只有表层的形式而未表现出内在价值与理念，这样的企业文化是没有意义的，难以持续的，不能形成文化推动力，对企业的发展产生不了深远的影响。

2. 将企业文化等同于企业精神而脱离企业管理实践

有些企业家认为，企业文化就是要塑造企业精神或企业的"圣经"，而与企业管理没有多大关系，这种理解是很片面的。企业文化就是以文化为手段，以管理为目的，因为企业组织和事业性组织都属于实体性组织，不同于教会的信念共同体，它们是要依据生产经营状况和一定的业绩来进行评价的，精神因素对企业内部的凝聚力、企业生产效率及企业发展固然有着重要的作用，但这种影响不是单独发挥作用的，它是渗透于企业管理的体制、激励机制、经营策略之中，并协同起作用的。

3. 忽视了企业文化的创新和个性化

企业文化是某一特定文化背景下该企业独具特色的管理模式，是企业的个性化表现，没有标准统一的模式，更不是迎合时尚的标语。综观许多企业的企业文化，方方面面都大体相似，但是缺乏鲜明的个性特色和独特的风格。其实，每一个企业的发展历程不同，企业的构成成分不同，面对的竞争压力也不同，所以其对环境作出反应的策略和处理内部冲突的方式都会有自己的特色，不可能完全雷同。企业文化是在某一文化背景下，将企业自身发展阶段、发展目标、经营策略、企业内外环境等因素综合考虑而确定的独特的文化管理模式，因此，企业文化的形式可以是标准化的，但其侧重点各不相同，其价值内涵和基本假设各不相同，而且企业文化的类型和强度也都不同，正因如此才构成了企业文化的个性化特色。

第三节　企业文化建设的原则与途径

一、企业文化建设的一般原则

1. 必须坚持社会主义方向。企业在从事商品生产和商品流通的过程中，必须促进生产发展，满足社会日益增长的物质和文化生活的需要。企业进行文化建设应把这作为它的经营思想和宗旨，使之具有明确的社会主义特征。

2. 强化以人为中心。文化以人群为载体，人是文化生成的第一要素。企业文化中的人不仅仅是指企业家、管理者，更应该包括企业的全体职工。企业文化建设中要强调关心人、尊重人、理解人和信任人。企业团体意识的形成，首先是企业的全体成员有共同的价值观念，有一致的奋斗目标，这样才能形成向心力，才能成为一个具有战斗力的整体。

3．表里一致，切忌形式主义。企业文化属意识形态的范畴，但它又要通过企业或职工的行为和外部形态表现出来，这就容易形成表里不一的现象。建设企业文化必须从职工的思想观念入手，树立正确的价值观念和哲学思想，在此基础上形成企业精神和企业形象，防止搞形式主义，言行不一。形式主义不仅不能建设好企业文化，而且是对企业文化概念的歪曲。

4．注重个异性。个异性是企业文化的一个重要特征。每个企业都有自己的历史传统和经营特点，企业文化建设要充分利用这一点，建设具有自己特色的文化。企业只有具备自己的特色，并被大种所接受，才能在企业之林中独树一帜，才有竞争的优势。

5．不能忽视经济性。企业是一个经济组织，企业文化是一个微观经济组织文化，应具有经济性。所谓经济性，是指企业文化必须为企业的经济活动服务，要有利于提高企业生产力和经济效益，有利于企业的生存和发展。前面讨论的关于企业文化的各项内容中，虽然并不涉及"经济"二字，但建设和实施这些内容，最终目的都不会离开企业经济目标的实现和谋求企业的生存与发展。所以，企业文化建设实际是一个企业战略问题，亦称文化战略。

6．继承传统文化的精华。马克思主义认为："人们自己创造自己的历史，但他们并不是随心所欲地创造，而是在直接碰到的从过去继承下来的条件下创造。"（《马克思恩格斯选集》第1卷，第603页）中国企业文化建设也是这样，它应该是在传统文化的基础上进行增值开发，否则企业文化就会失去存在的基础，也就没有生命力。增值开发就是对传统文化进行借鉴，去其糟粕，取其精华，如我国传统文化中的民本思想、平等思想、务实思想等都是值得增值开发的内容。中社会主义企业中，劳动者是企业的主人，企业文化建设自然要以民本思想为重要的思想来源，并通过这一思想的开发利用，使职工群众产生强烈的主人翁意识，自觉地参与企业的民主管理。中国民族坚持人的平等性，认为"人皆为尧舜"，这正是过去中国革命的思想基础。这种思想的增值开发应用于现代企业的文化建设，将为企业职工提供平等竞争的机会，有利于倡导按劳分配，同工同酬的运行机制。务实思想则要求人们实事求是、谦虚谨慎、戒骄戒躁、刻苦努力、奋发向上。对此如能发扬光大，必将形成艰苦创业、勇于创新的企业精神。

二、培育共同价值的观念

作为企业文化核心是企业价值观念的培养，是企业文化建设的一项基础工作。企业组织中的每个成员都有自己的价值观念，但由于他们的资历、生活环境、受教育程度不同等原因，使得他们的价值观念千差万别。企业价值观念的培育就是通过教育、倡导和模范人物的宣传感召等方式，使企业职工摒弃传统落后的价值观念，树立正确的、有利于企业生存发展的价值观念，并形成共识，成为全体职工思想和行为的准则。

企业价值观念的培育是一个由服从，经过认同，最后达到内化的过程。服从是培育的初期，通过某种外部作用（如人生观教育）使企业中的成员被动地接受某种价值观念，并以此来约束自己的思想和行为；认同是受外界影响（如模范人物的感召）而自觉地接受某种价值观念，但对这一观念未能真正地理解和接受；内化则是自愿地接受某种价值观念，有真正意义上的理解，并按照这一价值观念自觉地约束自己的思想和行为。

企业价值观念的培育是一个长期的过程。在这个过程中，企业组织中个体成员价值观念的转变还可能受环境因素的影响而出现反复，这更增加了价值观念培育的复杂性。它需要企业领导深入细致的思想工作，善于把高度抽象的思维逻辑变成员工可以接受的基本观点。这其中，思想政治工作十分重要，它能唤起职工对自己生活和工作意义的深思，对自己事业的信念和追求。

由于企业价值观念是由多个要素构成的价值体系，因此在培育中要注意多元要素的组合，即既要考虑国家、企业价值目标的实现，又要照顾职工需求的满足，但最重要的是国家和民族的利益。如日本松下公司的七条价值观念中，第一条就是"工业报国"；我国老一代企业家卢作学（民生输船公司创始人）倡导的"民生精神"，就是基于"服务社会，便利人群，开发产业，富裕国家"这一为国为民的价值观念。

三、确立正确的经营哲学

企业经营哲学，作为企业经营管理方法论原则，是企业一切行为的逻辑起点。因此，确立正确的经营哲学，是企业文化建设的一项重要任务。

商品流通企业确立经营哲学，虽有某些共同的方法论要素，如"服务为本""用户第一"等，但各企业由于人、财、物的状况不同以及所处的环境不同，每个企业却有自己特色的经营哲学。确立企业哲学，需要经营者对本企业的经营状况和特点进行全方位的调查，运用某些哲学观念分析研究企业的发展目标和实现途径，在此基础上形成自己的经营理念，并将其渗透到员工的思想深处，变成员工处理经营问题的共同思维方式。企业经营哲学通常应在代表企业精神的文字中体现，这不仅有利于内部渗透，而且也便于顾客识别。

经营哲学的确立，关键是要有创新意识，创建有个异性的经营思想和方法。英国盈利能力最强的零售集团——马狮百货公司的经营哲学，就是创立了"没有工厂的制造商"，按自己的要求让别人生产产品，并打上自己的"圣米高"牌商标，取得了成功。

四、企业形象设计

商品流通企业进行形象设计，首先是提供货真价实的商品，在品种、档次、价格、款式、包装等方面应有自己的特色；其次是提供优质服务，要通过营业人员的营销行为顾客留下深刻的印象；再次是设计优美舒适的购物环境，这不但有利于优质服务水平的充分发挥，重要的是刺激顾客的购买欲望和产生强烈的好感；最后是店铺门面设计，店面装饰应体现行业特点，招牌应做到新颖、醒目、反映经营特色，有利于引客进店和给顾客留下深刻印象，橱窗设计应与店铺建筑物协调，形成店面的整体风格。

企业形象设计一般要经过形象调查、形象定位和形象传播三个阶段。形象调查是了解公众对本企业的认识、态度与印象等方面的情况，为企业形象设计提供信息。形象定位是在形象调查的基础上，根据企业的实际状况，用知名度和美誉度的高低程度对企业形象进行定位。形象传播是以广告方式，将企业形象的有关信息向社会传播，让更多的顾客认识和接受，从而提高企业形象。

第四章　企业文化视角下的人力资源管理对企业效益的作用方式

第一节　人力资源投资及其管理效益

一、人力资源投资效益与生产率关系分析

人力资源投资效益，是人力资源活动中能够以价值形式表现的劳动消耗和所取得的实际经济成果之间的比例关系。生产率，是指生产或劳务系统的产出与创造这一产出的投入之间的比率。它反映了人力、物力、财力资源（如劳动力、资金、土地、材料、能源、信息、技术等）在各类产品生产及劳务活动中被开发利用，发挥效能的程度。生产率可用下式表示：

生产力（p）=产出（O）／投入（I）

式中，产出是指满足市场需要而生产的产品或提供的服务；投入是指为获得这些产出而投入的各种资源。

生产率是衡量经济效益的一项重要指标，它可将经济系统中不同层次和范围（如劳动者、企业、行业、部门、区域、国家等）的产品与消耗的资源进行对比。如果用时间作尺度，生产率还可以定义为：实现目标效益的预计时间与现实时间之比。达到预期效益所用时间越少，生产率就越高；以同样的资源投入获得的产出数量越多质量越好，生产率水平也就越

高。简单地说，提高生产率意味着以同样的或较少的投入可获得更多、更好的产出。现代意义上的生产率提高，不是靠投入量简单的增加，而是要求人们如何更轻松、更有效率地工作，也就是要尽可能少地消耗资源，尽可能多地提供产品和服务。

通过以上人力资源投资收益和生产率的定义可见，生产率的提高，无非有两个途径，一个是产出增加（包括产品和服务种类以及质量水平提高），另一个是降低单位产品的成本消耗。人力资本作为现代社会生产的重要关键要素，且现代科学技术又是通过人这个载体达到推动社会进步的目的，并为社会、企业提供了一定规模的人力资源，充分发挥人力资源的能动性、创造性、积极性，全面提升企业的竞争力，最终通过提高生产率来达到经济利益最大化。因此，无论从哪一个角度来考察人力资源的效益，都是人力资源的投入与产出的比例关系问题：必须根据现实社会经济活动的实际需要和发展水平，选择有效的人力资源投入方式，获得尽可能多的产出。

二、人力资源管理与提升生产率

人力资源管理的各方面政策与活动都与提高生产率有关联，这些活动包括：激励、分工与协作、工作组织设计、工作分析和设计岗位与人员素质测评、劳动量统计计量、考核、奖惩、工资、保险与福利、劳动定额标准化等。

在企业中，提高生产率与良好的经营管理具有同等含义。生产率的提高，既是企业管理部门的基本职能，又是高效率管理的必然结果。企业生产率提高过程是一个变革过程。为了提高生产率，管理者必须掌握这种变革，运用各种方法和手段，对企业组织有效地进行管理，即实行生产率管理。生产率管理要求企业的管理者树立"效益第一"的管理思想，将投入与产出及其转换过程，作为一个总体系统紧密地结合起来，更加关心资源的增值和取得更好的经济效益。另外，生产率管理还要求企业管理者通过行为激励方式，加强职工之间的沟通和理解，鼓励企业员工的创新精神。但是，企业期望的组织目标与人们的价值观念之间不可能完全达到和谐统一，两者总是存在着矛盾和冲突。企业生产率管理的任务，就是在一定条件下，寻求它们之间的最佳平衡，并根据情况随时进行调整。

三、人力资源投资与管理效益的分类

概括起来说，人力资源的效益从层次上可以划分为宏观效益与微观效益，从范围上可以划分为内部效益和外部效益，从内容上可以划分为培养效益和使用效益，从时效上可以划分为长期效益和短期效益，从规模上可以划分为独立效益和规模效益。

（一）宏观效益和微观效益

人力资源的宏观效益，是全社会范围的人力资源投入产出关系。社会总体的人力资源投入减少或者产出增加，就意味着宏观人力资源效益的提高。人力资源的微观效益则是企事业单位或家庭的人力资源投入产出比例。企业或家庭在人力资源投入上的任何节约或者产出上的任何增加，都意味着微观人力资源效益有所提高。一方面，人力资源的宏观效益与微观效益是相互统一的。无数微观效益的增加，就会在总体上提高宏观效益，而社会总体的人力资源投入产出增减，又会影响微观个体的人力资源投入产出行为。另一方面，人力资源的宏观效益和微观效益之间有时又是矛盾的，某些能够增加微观效益的人力资源投入，未必能够增加宏观效益，而能够提高宏观效益的投入，有时又不见得同时增加某些微观效益。举例来说，企业A为了吸引人才，投入了人财物为他们创造优惠条件，当人才吸引过来之后，企业A的效益明显提高。可以说，企业A在人力资源的投入产出活动中获得了微观经济效益。但是，假定该人才的原单位企业B在该人才流走之后，效益下降了，企业B对该人才原来的投入也浪费了，则企业的B的人力资源微观效益下降。从总体来看，人力资源的宏观效益并没有提高。

（二）内部效益和外部效益

人力资源的内部效益，是指一定范围内部的人力资源投入产出比例关系；而外部效益则是该范围之外的人力资源投入产出比例关系。这里所说的一定范围，不是一个固定概念，它可以指一个家庭、一个单位、一个地区，甚至一个国家。人力资源的内部效益和外部效益也是既统一又矛盾的关系。在创造人力资源的内部效益的同时，既可以带来外部效益，也可以带来外部负效益。在进行人力资源的投入产出选择和比较时，应当注意将人力资源的内部效益和外部效益综合起来考虑，避免两者发生矛盾，造成经济的浪费。

（三）培养效益和使用效益

人力资源的培养效益，主要是指在人才教育上从事的投入以及相应的产出之间的比例关系。在人才培养出来之后，为了让他们能够充分发挥作用，要进行有关的投入，这种为人力资源发挥作用而进行的投入及相应产出之间的比例关系，就是人力资源使用效益。从静态的角态看，这两种效益的产出有着空间上的并存性。从动态的角度看，它们又有着时间上的连续性。人力资源的培养效益相当重要，尤其是在我国人口众多、教育经费始终紧张的情况下，应当尽量节约教育经费的投入，以有限的教育经费尽可能多地培养高质量的人才。这也就是要提高人力资源的培养效益。培养人才的目的本身是为了让人才在现实的社会经济活动中发挥作用，创造出更高的生产力。因此，在实际工作中，应当注意人才配置的合理化，为人才创造有利的外部条件，追加人力资源使用上的投资，以获得人力资源有使用效益。通俗来讲，人力资源的培养效益和使用效益必须是配套的。

（四）长期效益和短期效益

人力资源效益在时效上有长期和短期之分。长期人力资源效益，是指某一项人力资源投入所带来的效益能够在较长的时限内延续存在；而短期人力资源效益，则是指某一项人力资源投入所带来的效益，所延续的时限较短。获得长期人力资源效益，有利于提高全民族的基础科学知识和文化水平，保证经济发展在人力资源方面有足够的后劲。获得短期人力资源效益，则有利于通过知识技能的传授和更新换代，不断提高人力资源的素质，推动现代科学技术和社会经济活动阶段性地向前发展。

（五）独立效益和规模效益

人力资源的独立效益和规模效益，是对于人力资源配置方面而言的。人力资源的独立效益，一般是指单个的人力资源效益。例如，某企业缺乏人才，又恰好获得了这种人才，且该种人才带来了企业经营活动上的效益。由于效益来自企业独立引进或培养某种短缺人才，而不涉及整个人力资源配置规模的变化和调整，因此它就是人力资源的独立效益。人力资源配置上的规模效益，则必然涉及人力资源配置规模的变化和调整。规模效益，是指经济活动主体通过经营达到一定的规模而获得的经济效益。人力资源的配置必须在达到一定群体规模时，才能使各类型各层次的劳动者协同作用，配套活动。这是现代化大生产的基本组织方式，它能够带来人力资源的规模效益。针对不同的地区、部门和企业经济发展的不平衡性，在一些现代化的部门、企业或发达地区，应当充分利用自己的优势，调整并扩大人力资源的规模，群体引进并配置人才，力求提高人力资源的规模效益。在一些尚属传统的部门、不发达地区和小型企业内，一时不能达到人力资源配置优化规模的，也应当提高人力资源的独立效益。例如，引进和培养急需紧缺人才，并且以这些核心人才为基础，逐步扩大人才配置的规模，力求在将来的济发展中，形成人力资源的规模配置从而带来规模效益。

第二节　人力资源管理实践对企业效益的作用分析

一、竞争优势与组织效益

企业可以通过有效地管理其人力资源而获取某种对其竞争者的竞争优势。下面将讨论每项人力资源管理实践怎样才能帮助一个企业获取和维持这样一种优势并取得良好的经济效益。

竞争优势的含义包括成本领先与产品差别化两种方式，对提高企业效益起着重要的关键作用。

所谓成本领先，实际上就是要增加单位产出的净产值，或更确切地说使产品单位成本下降，这样企业的利润必然增加，企业将获得更大的经济效益。产品差别化，其实质就是企业通过从原材料、组织管理、技术、产品生产到市场销售等全方位的创新，来满足消费者更新、更高层次的消费偏好。如果企业创新出一种独有的知识产权产品或技术，且深受用户的欢迎，同时企业又适时地进行了规模化生产，则完全有可能使企业获得垄断收益。企业对技术、产品进行不断地创新，就会形成一种长期持续的经济效益。由此可见，竞争结果所形成的优势就是使企业获利，提高企业的经济效益，是一种因果关系。

二、竞争优势与人力资源管理实践

人力资源管理实践是企业竞争优势的一个重要源泉。有效的人力资源管理实践导致以员工为中心的结果，员工个人的绩效再导致以组织为中心的结果，从而可以通过创造成本领先和产品差别化来提高一个公司的竞争优势。

（一）人力资源规划与竞争优势

人力资源规划的目标是要让组织预见其未来人力资源管理的需要，识别帮助它们满足这些需要的实践。有效的人力资源规划能提高竞争优势，这一事实已经受到一系列研究成果的支持。人力资源规划活动提高竞争优势的途径是：

1. 把人力资源管理实践与组织的目标联系起来

苏珊·杰克逊和兰道尔·舒勒（Susan Jackson and Randall Schuler，1995）指出，人力资源规划是"把其他所有的人力资源活动连接在一起并且把这些活动与组织的其余部分整合起来的线"。例如，福特汽车公司（Ford Motor Company）在20世纪70年代末期，通过开发一种新的战略以及调整其人力资源管理的焦点以便与这一策略相匹配而扭转了公司的命运。

2. 为未来的人力资源管理实践起某种建筑砌块作用

人力资源规划是人力资源管理的一个主要的建筑砌块。许多人力资源管理实践的成功执行依赖于细致的人力资源规划。通过人力资源规划过程，一个组织能够确定它未来所需要的技能组合，然后通过招募、挑选以及培训和开发实践制订计划。人力资源规划在培训和开发过程中起着重要作用。

3. 与人力资源规划失败相联系的结果

人力资源规划的使用让公司能通过对可能发生的事件进行准备，来获得对其未来的控制。也就是说，它们可以预见到变化并设计适当的行动程序。当公司学会如何在未来的事件上获取资本时，它们自己的未来就改善了。

人力资源规划具有价值，而许多公司却忽视了这一机会。其中有一些公司把这看作太困难的事或太使人感到挫折，而另一些公司甚至没有意识到对它的需要。正如一位研究者指出的那样，虽然目前的趋势是把人力资源规划与战略规划整合起来，但是许多组织仍只是对这种思想做一种"口头应酬"。极少有对人力资源的获取和利用进行很详细、彻底地分析。总经理们似乎确信，他们所需要的任何人员总可以从市场上招聘到。有许多证据表明了这种想法的愚蠢和潜在的后果。当对其人力资源无法进行适当地规划时，雇主们被迫在事件发生后而不是之前作出反应；那就是说，他们是反应性的（reactive）而不是被动性的（proactive）。当这一结果出现时，一个组织就不能正确地预见其未来人员需求的增长。

（二）招聘、挑选与竞争优势

招聘是指为一个组织寻找或吸引求职者来填补一个岗位的过程。有效的招聘方法能帮助企业利用有限的人力资源成功地开展竞争，为使竞争优势最大化，企业必须选择能快速和经济地挑选出候选人。而达到成本效率、吸引高度合格的候选人、帮助确保那些被聘用的个人留在公司、帮助公司努力遵守非歧视法律、帮助公司创造一支文化上更加多样化的劳动力队伍则是最佳的招聘方法。

（三）培训、开发与竞争优势

即使一个组织招聘到了非常合格的人，也不能保证所有的工作都将被分配给完全胜任的人。实际上，这种结果是相当不可能的。几乎所有的员工，即使是那些在受聘用时高度合格的人，都需要一些额外的培训来最令人满意地完成他们的工作。一个组织的培训与开发实践保证了员工们得到必要的指导。培训集中于现在的工作，而开发则是员工们对未来工作的准备。一个企业的培训和开发实践能够通过提高工人的能力和减少不希望的人员流动的可能性来对竞争优势做贡献，但是培训和开发方案也应该讲成本效率。一是提高工人的能力，即提高新员工和在职工人的能力。

（1）提高新员工的能力

为满足新员工的需要，人力资源管理部门要提供技术培训、取向培训和文化培训三种类型的培训。技术培训使得新员工掌握入门水平工作所必需的技术知识和技能；取向培训使得新员工熟悉他们的工作、企业及其政策和程序；文化培训使新员工掌握从事入门水平工作的所需要的基本技能，如写作、基础算术、听懂/遵循口头指令、说话以及理解手册、图表和日程表。

（2）提高在职工人的能力

在职工人可能也需要某种培训或再培训，包括纠正性培训、与变革有关的培训和开发性培训。纠正性培训就是通过培训，改正工作上某些技能上存在的欠缺；变革培训是为了使员工能够跟上各种形式涉及的技术进步、新的法律或程序的最新变化，或是一个组织战略计划的变革；开发培训向员工们提供他们可能最终被提拔到更高层次的职位所需要的适当的技能。

二是减少流动的可能性。企业的培训和开发实践能帮助缓解员工流动问题，它通过指导方案来改变不良的管理实践，从而试图改变那些实行无效管理方式者的行为。

三是提高培训和开发实践的成本效率。培训和开发实践与竞争优势之间有重要联系，合适的培训与开发方案对生产率提高起着重要作用。

公司期待着（至少是希望）时间和金钱的投入能够带来丰厚的回报。然而，许多公司的培训和开发实践并没有给员工们或公司本身带来任何真正的好处。许多美国组织的培训和开发实践的成功率相当令人沮丧。有的公司约有一半培训成本被浪费了，仅有10%的培训学习材料被真正用于工作。培训和开发方案如此糟糕地失败，以至于它们被认为是导致美国生产率低速增长的一个主要的罪魁。因此，可以认为，培训与开发的合适方案对生产率提高起着重要作用。

（四）绩效评估与竞争优势

绩效评估应准确地评估员工工作绩效的质量。有效的评估系统能够产生竞争优势。

一是提高工作绩效。

二是作正确的聘用决策。绩效评估系统经常为制定聘用决策提供信息，如加薪、升职、解聘、降级、调动、培训和试用期结束。同时以准确评估为基础的薪资决策能够通过提高员工的士气和动机去增强竞争优势。

三是保证依法行事。以绩效评估为依据的"挑选"决策很少能引发诸如降级、升职失败、解聘和解职的诉讼。因此，企业一定要保证绩效评估的合法性。

四是把工作不满意和流动减到最低程度。被员工认为不准确和不公平的评价，能够引发士气和流动问题。有效的绩效评估系统有益于建立公平、进步、有朝气的团队氛围。

（五）薪酬机制与竞争优势

薪酬制度对竞争优势有长远的影响。薪酬专家理查德·汉得森（Richard Henderson）认为："可能没有一种商业成本比劳动力成本更可控制和对利润有更大的影响"。一个有效发挥作用的薪酬系统，能够改进成本效率、确保依法办事、增强招聘力量和减少士气与流动方面的问题。

一是改进成本效率。如果劳动成本占一个公司运营预算的很大比例，它就会极大地影响公司的竞争优势。通过有效地削减这些成本，公司可以取得成本领先的优势。劳动成本对竞争优势的影响在服务行业和其他劳动密集型组织中尤为明显。

二是做到依法行事。有些诉讼与薪金制度有关，如歧视问题、保障最低工资及加班费，还有一些是关于津贴的，如养老金、失业补偿金和工伤补偿等。企业必须了解相关法律并完全执行这些法律，否则，就要支付昂贵的诉讼费用和赔偿、罚款。

三是提高招聘努力的成功率及减少士气和流动方面的问题。如果一家公司的薪酬系统被认为是不适当的，则高级求职者会拒绝接受该公司的聘用，现在的员工也可能离开，即使他们仍然留在公司，但心怀不满会导致没有生产力的行动，如积极性、帮助性和合作性下降等。

（六）激励机制与竞争优势

一个好的激励机制可以激励员工们提高生产率，同时可以促进公司的招聘努力。激励是为了改进员工的生产率。激励方案之所以成功，是因为它能激励员工们采取恰当的工作行为。为了能理解激励是怎样帮助公司获得竞争优势，管理者必须首先理解是什么东西在激励员工。有许多理论试图解释激励的过程，例如，需求层次理论、期望理论、强化激励理论等。大多数人喜欢能在工作中获得奖励的环境中工作。公司提供奖励（无论是物质奖励还是精神奖励）作为生产率改进方案的一部分，通常吸引着更多更好的求职者。

第三节 企业文化与企业形象塑造

一、塑造企业形象的原则

首先，处理好企业利益与国家利益、公众利益的关系。企业形象的塑造必须以公众至上为第一准则，切忌唯利是图，而置公众利益于不顾，那种以损害环境为代价、损害公众利益为代价，只顾企业自身利益，不择手段地追逐高额利润的做法，只会引起公众的不满，为公众所耻，与建立企业的优良形象背道而驰。

其次，以诚为本，信守经营道德。企业形象塑造必须以诚为本，重合同，讲信誉，遵纪守法，公平竞争，为社会提供质量优良、价格合理的产品和服务，而那些以次充好、短斤少两、假冒伪劣、坑蒙拐骗、自吹自擂的行为只会彻底损害企业的形象并将受到法律的制裁。真实是塑造企业形象的生命。

再次，应当遵循社会主义市场经济规律。社会主义市场经济与资本主义的市场经济有共同的规律可循。社会主义市场经济的特点和我国国情的特点（文化背景不同，社会制度不同）又要求我们根据自己的特点（企业的特点，环境的特点）来塑造具有中国民族文化特征和鲜明个性的企业形象。

最后，着眼世界，从长计议。企业形象的塑造应该着眼于世界。企业走向世界，实现国际名牌战略，是振兴民族经济的必由之路。当今，市场国际化的趋势日益扩大，意味着我国经济必须纳入整个世界经济发展体系中去，这就要求企业彻底放弃传统战略观念，实现从封闭、半封闭战略向开放战略的转变，以适应外向型经济的发展。企业形象的建设还应该充分考虑社会经济环境的变化，在企业自身长远战略目标的基础上，敢于独辟蹊径，废除陈规陋习，充分估计企业未来的发展。企业形象的塑造不是权宜之计，企业形象一旦建立，其影响将是比较长远和稳定的。

二、塑造企业形象的思路与方法

一是突出个性。个性是形象的生命，没有鲜明的个性就不会在公众的心目中留下深刻的印象。在我国社会主义市场经济下不同企业存着不同的所有制形式、不同的生产经营活动特点、不同的地域文化环境，故企业形象绝对不可能是千篇一律的。企业必须彻底废除陈规陋习，具备创新意识，敢于标新立异，创造出具有鲜明个性的企业形象来。

二是建立良好的企业文化与企业理念。正如前述，企业形象是个复合体，建立优良的企业形象应该在企业中大力倡导勤奋务实、公平竞争、团结协作、钻研业务、勇于开拓、善于创新的奋发向上的企业文化和企业理念，并将其贯彻到产品的设计、生产、包装中去，体现于企业标志、商标、装潢等视觉识别系统之中，表现在企业员工的行为之上。

三是善于利用各种传播媒介、宣传企业的良好行为。"酒香也怕巷子深"，好的产品、好的行为还需要传播才能在公众心目中建立良好的形象。

四是增进公众对企业的直接认同。企业与社区公众有着千丝万缕的联系，保持和社区公众的良好关系，通过组织参观游览的形式增进对企业的直接了解，取得他们的认同、信任和支持是建立企业形象的直接有效的手段。

第五章　人力资源管理与企业文化的新探索

第一节　企业的发展演化与人力资源管理

企业人力资源的管理，需要从企业发展演化的角度，研究企业在其发展的不同阶段对人力资源管理的要求和重点内容。这方面的研究对于人力资源管理的理论和实践都具有重要意义。

一、企业发展演化的一般规律

从历史的角度研究企业发展过程及其管理问题，并不是新的课题。

下面将从四个方面对企业发展演化规律加以描述。

1. 周期性

在企业的发展过程中，企业的组织管理是一个从分权到集权，再从集权到分权的循环往复的周期性变化过程，如图5-1所示。

企业创立之初，创业者与合伙人之间是一种合作关系，企业组织管理通常采取分权模式。随着企业逐渐成长，管理落后和分权所导致的政出多门、政策缺乏一致性等问题日益凸显出来，要求在组织管理上加以整合，管理工作开始走上有序化，企业也形成了以集权为特征的管理模式（如图5-1下方示意）。然而，随着企业的发展，企业与环境的关系越来越密切，环境的变化都需要企业能够做出相应的对策，而依靠集权的管理模式就难以适应企业发展的这一要求；领导由于忙于处理各种应急事务，致使企业工作容易陷入混乱（如图5-1左方示意）。通常，企业通过工作分解、任务划分，实施委派管理，使得企业各个方面的工作再次进入有序的轨道。此时，企业实行的是分权管理模式（如图5-1上方示意）。但是，分权的结果将会导致部门各自为政、注重部门利益而忽视整体利益的情况，即企业管理又进入了混沌状态。企业如果要发展，就必须对各个部门的关系进行重新整合，协调好相互关系（如图5-1右方示意），企业再次走入集权管理模式的道路。所以，企业的发展演化过程，也就是组织管理的分权→整合→集权→分解→分权不断循环的周期性过程。

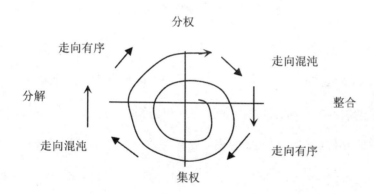

图5-1 企业组织管理发展演化的周期性

2. 发展——危机间隙性

企业发展过程中会产生各种各样的波动，大的波动一般被看成企业发展过程中的危机。美国南加州大学商学院的组织理论教授葛拉勒（Greiner，1972）就将企业的演化过程描述为成长与危机交替的过程：通过创新成长—领导危机—通过指导成长—自立危机—通过委派管理成长—控制危机—通过协调成长—程序危机—通过合作成长—未知的危机……，如图5-2所示。这一理论说明，企业发展过程中的成长阶段不会一直下去，危机必然到来；一个危机克服了，企业就会进入一个新的成长阶段。企业发展的每一个阶段所面临的危机是不同的，所需采取的克服办法也不同。

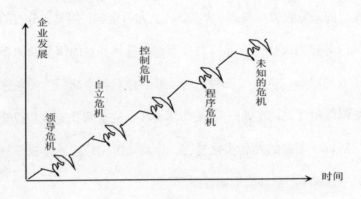

图5-2 企业发展演化的危机间隙性

3. 有限增长性——企业生命周期

企业的发展如同世界上许多事物的发展一样，受到其自身的生长能力和资源环境的制约，从而在某些特征上呈现出增长的有限性：在增长的初期和后期，增长速度较低，中期阶段增长速度最高，增长的总体过程呈现"S"形曲线，即有限增长性，也称企业生命周期规律。企业发展的过程，事实上是其内部发展的力量和环境条件限制其发展的正负反馈作用的结果。在企业发展的初期，环境条件的制约并不明显，这是因为内部发展的力量还很薄弱，整个发展速度较慢；随着企业内部发展的正反馈作用的增强，企业发展速度变得越来越大，这时环境条件的制约作用也日益明显起来，迫使企业减慢发展速度；当企业发展积累到了一定大的程度时，环境条件已不能维持其进一步发展的需求，整个发展过程也就不得不"停滞"下来。

4．阶段性

不管是纯理论研究还是实证分析都表明，企业发展的后期并不仅仅是趋于平静状态，其实还有另外三种停滞的方式：经过波动走向平静态；经过波动走向某种周期性的变化状态；进入混沌状态。到底趋向于哪一种停滞方式，取决于企业内部发展力量与环境条件制约之间的相互耦合关系和企业发展对环境条件的依赖程度。更普遍的情况是，在企业发展后期，存在一个较大波动的时期（又称混沌期），它一方面意味着企业的一个生命周期的结束，另一方面也意味着一个新的生命周期的开始。

二、人力资源管理与企业的发展演化

企业发展处于不同阶段时其组织的形式、工作特点和对员工的要求是有差异的，即人力资源管理的重点是不同的。但是，他们两者之间究竟是什么样的关系，存在什么样的规律，这些本身就是企业管理的重大课题，有许多问题还有待探索和研究。本文将从葛拉勒的企业发展理论出发，讨论企业发展处于不同阶段的人力资源管理与开发。

（一）企业发展演化不同阶段的特点以及对人力资源的要求

企业在不同成长阶段具有不同的管理风格，在每一个危机阶段也都面临着不同的问题。表5-2给出了企业发展演化不同阶段的特点和对于人力资源的要求。

1．创立阶段

在创立阶段，企业的发展主要依赖创业者的创新得到市场的承认，企业管理工作主要依靠创业者自己做,员工需要具有自主管理能力。在这一阶段,创业者的企业家精神和价值观是企业生存的基础,对企业未来发展产生深刻而长远的影响。然而,企业由于缺乏统一的管理方法,员工各行其是,管理工作常常出现混乱,这时需要建立强有力的领导体制,克服领导危机。企业在克服领导危机的同时,就应该为下一阶段的发展在人力资源上的做准备,包括通过吸收新的员工来输入新的管理思想和方法。

2. 指导成长阶段

在指导成长阶段,企业发展迅速,企业内部容易形成专制、统一的管理模式,个人权威很高。这一阶段企业需要的是服从控制,按照计划从事工作的"劳动者"需要熟悉所从事工作的技能,经验往往成为学习的榜样,"劳动生产率"成为衡量一切工作的主要标准。企业快速发展给企业带来了较高的收益,各个部门围绕利益分配常与企业高层讨价还价。与此同时,员工的知识得到了发展,但缺乏施展的舞台,要求"独立""自治"呼声提高,最终导致企业发生"自立危机"。企业通常采用委派管理、目标管理等方式克服这一阶段的危机。这一阶段企业需要建立起"内部企业家"成长机制,为部门经理独当一面和队组工作培养环境以及提供条件。

表5-3　企业发展演化不同阶段的特点

发展阶段	管理重点	结构和体制	目标与战略	报酬管理	人力资源
通过创新成长阶段	生产与销售	简单,尚未形成结构和体制,个人	生存,满足创业者需要	所有权	自主管理
领导危机		准备建立结构和体制,通常是非正式和不充分的	克服危机,准备下阶段发展		自主管理,需要从外部获得大批量生产的知识;要有管理技能

发展阶段	管理重点	结构和体制	目标与战略	报酬管理	人力资源
通过指导成长阶段	运作效率	必须建立起自上而下的结构和体制	通过管理实现增长，取得产品市场地位	工资和提拔制度	创业者要接受和采纳他人的意见；需要合乎战略发展的技能，管理技能关键在于领导艺术
自立危机		对于不断增长的复杂性，控制不够	克服危机，准备下阶段发展		在低层次上知识进步，但缺乏用武之地
通过委派成长阶段	市场扩张	分权结构，利润中心，奖金激励，增长下降	地区扩张，新产品市场渗透	个别奖金	责任和权力向低层次转移，下层的压力也增加
控制危机		多样化的结构变得不可管理	克服危机，准备下阶段发展		知识在企业广泛传播
通过协调成长阶段	组织巩固	利用正式体制来协调运作，形成产品组，控制和监督变得重要	多方向增长，保持企业整体，集中增长目标	利润分享和股票期权	员工是聘用的；不同单位之间的协调是关键任务
程序危机		官僚，文件过多，无用僵硬的体制	克服危机，准备下阶段发展		专制代替了创新，管理者主宰一切
通过合作发展阶段	问题解决和创新	队组，跨职能、领域的矩阵结构，分权化，团体决策	通过战略联盟和合作创造价值	团队奖金	处理相互关系变得最重要，管理技能侧重于与其他企业的合作
未知危机		未知	克服危机，准备下阶段发展		未知

3. 委派成长阶段

在委派成长阶段，企业的各个部门相对自主决策，形成自己的经营范围和发展目标，从而对各个部门产生激励，企业整体再次得到较快发展。由于实行的是分权管理，各个部门能根据自己所处的环境和目标，发展自己的知识和业务。与此同时，各个部门争权夺利、过分考虑局部忽视整体的情况日益明显，即在本阶段发展的后期，会产生控制危机。因此，如何为各个部门创造发展的环境和机会，同时又从整体上控制各个单位使其符合企业整体发展的目标和战略，成为企业高层管理的主要任务。企业价值观的认同、企业文化的建设，员工对企业忠诚，使企业各个方面形成合力，是企业在这一阶段发展和克服危机的主要措施。

4. 协调成长阶段

在协调成长阶段企业有两大问题：一是协调，二是激励。这一阶段由于管理体制的变化，企业产生了许多前所未有的新问题，因此，协调工作就是不断修改或绕开已有的管理办法和程序，为各个部门出现的各种问题提供解决方案。另外，员工的收益如果仍然根据企业整体效益来确定的话，就难以调动各个部门的工作积极性。因此，企业需要从管理体制上解决各个部门的利益分配问题，建立新的管理体制和规章制度以适应新的环境要求。

（二）企业发展演化不同阶段的人力资源管理

随着企业的发展演化，企业的组织特点和工作特点相应发生着变化，因此必然要求企业的人力资源管理作相应的调整。这里我们从人力资源的分析与评价、开发、激励与控制三方面，探讨人力资源管理与企业发展演化之间的关系，提出需要进一步研究的问题。

1. 人力资源的分析与评价

组织行为学中的领导生命周期理论指出，被领导群体有一个从不成熟到成熟的过程，需要相应采取集权式、授权式、说服式和参与式等不同的领导方式。随着被领导群体的成长，企业自身也处于发展演化之中，所以从后者角度考察，企业处于生命周期的不同阶段，人力资源的特点就会不同，管理中的人性假设也需要相应转变。

在人力资源测评方面，企业的不同发展时期，评价亦不相同，如初期注重围绕产品和技术的能力评价；快速成长时期注重围绕产品、市场能力和提高生产效率技能的评价；中期注重组织管理能力、市场营销能力和战略思考能力的评价；后期则注重战略管理能力、协调能力和包括企业家、经理和管理者各个方面的综合能力的评价。在员工招聘与解雇方面，随着企业的发展其依据又有所改变。发展初期，企业需要合作、奉献精神，招聘和解雇时主要考虑受聘人员的基础知识、人际关系能力和责任心；发展中期，主要考虑是否能增进企业的知识、提高企业的效率和工作是否具有可替代性；发展后期，因企业变革频繁，所以主要考虑组织的稳定和对企业未来的贡献能力以及企业对其依赖性大小。

另外，企业发展的初期，由于企业家的创新精神和企业未来的发展前景，容易吸引高素质的人力资源参与创业；企业发展到了快速发展的中期，其福利性则容易吸引一般的人力资源来分享果实；企业发展后期，陈旧的管理体制和日渐衰退的前景，使得留住人力资源往往成为企业的一大难题。

2. 人力资源的开发

企业人力资源的开发工作主要包括人力资源培训、职业生涯管理、组织设计和工作设计。企业处于不同发展阶段对人力资源培训的内容和强度是不同的。在企业发展初期，组织和个人都缺乏学习的经验和知识，但是这一时期企业往往缺乏资金，人力资源培训不足，存在人力资源培训需求与供给的矛盾，对此可通过招聘具有一定基础知识的人力资源得到缓解；在企业发展中期，企业处于快速发展之中，企业资金充裕，但是企业各个方面工作比较顺当，人力资源培训容易被忽视，这又为企业未来的发展埋下了隐患；在企业发展后期，企业一般都能认识到人才对于企业生存与发展的重要性，然而，处于衰退期的企业问题较多，资金短缺，再次产生培训需求与供给的矛盾。

另外，员工个人的需求随着企业的发展演化也发生变化。企业创立初期盈利能力较弱，员工的需求主要是低层次需求和预期需求，往往能够与企业同甘共苦，使命感较强；企业发展起来以后，员工的需求层次上升，强调个人的发展和自我价值的实现；员工对于工作的满意感随着在企业工作的时间延长而边际下降。因此，如何随着企业的发展为员工提供升迁的机会和途径，满足员工在企业发展不同时期的需求，是管理生涯中需要重点考虑的问题。

3. 人力资源的激励与控制

人力资源的激励与控制包括业绩考评、薪酬制度和企业文化建设等方面内容。在企业发展初期，生产产品数量和质量是业绩考核的重点；在企业发展中期，生产效率和效益是业绩考核的重点；在企业发展后期，创造价值和综合效益是业绩考核的重点。在薪酬制度方面，企业发展演化处于不同时期报酬的方式分别为侧重于所有权、工资和提拔制度、个别奖金、股份和股票期权。在文化建设方面，企业发展初期主要任务是创建本企业文化，而在企业发展的后期则是侧重于如何变革和再造企业的文化，树立"成功乃失败之母"理念，实现自我超越。

从企业发展演化的角度研究人力资源的管理，是一项新的重大课题，有待研究的问题很多，也需要从大量的实证材料中提炼有关规律进而形成理论。

第二节　企业家薪酬确定的原则、影响因素与方案

薪酬管理是现代企业人力资源管理的核心内容。薪酬管理涉及薪酬内容、薪酬结构、薪酬给付方式和薪酬数量等方面的内容。目前，国内理论界关于企业家薪酬内容、薪酬结构和薪酬给付方式，已有相当多的研究，而有关企业家薪酬数量确定方面的成果却不多。随着企业家年薪制度的推行，如企业家薪酬确定的依据是什么、应该如何确定等问题，将需要在理论上给出回答。

一、确定企业家薪酬的原则

薪酬是组织成员按照一定原则分配的劳动所得。由于劳动投入与劳动产出之间存在时间延迟性以及劳动的不可分性等原因，在现实企业管理工作中，薪酬被赋予了比劳动所得更为丰富的经济意义和管理意义，呈现出各种各样的表现形式。

（一）"按劳分配"原则

在传统的经济理论中，人是被作为劳动力商品来看待的，因此，薪酬也就是劳动力的价格，其高低是根据劳动者从事劳动的时间、劳动强度和生产数量确定的，实行的是"按劳分配"原则。对于企业家来说，在"按劳分配"原则下影响其薪酬的因素主要是工作时间，而工作时间是相对固

定的，所以其报酬通常也是固定的。尽管人们认识到"按劳分配"原则对于企业家不合情理，试图通过区分"脑力劳动"与"体力劳动""复杂劳动"与"简单劳动"来提高他们的待遇，但这仍然与企业家个人对企业贡献大小无关，往往缺乏激励性。

（二）"按职责分配"原则

随着企业由古典型向现代型转化，企业逐步实现"两权"分离，管理层次增加，职工被分配到不同层次从事不同职责的工作。根据管理的"责权利"三者统一的原理，在不同岗位从事不同职责工作的职工按照"按职责分配"的原则取得薪酬。企业是一个系统，各个部门、各个岗位以及每个人从事的工作，都是相互联系、相互依赖、相互促进的，职责划分越清楚，工作越是难以协调。所以，"按职责分配"原则必然要强调平衡、协调，不同岗位薪酬差距不能太大，因此，即使是企业家也不可能获得高薪；与此同时，还会导致企业内部的争权夺利、"个人主义"、扩大代理成本等以争取高薪酬的现象发生。

（三）"按资分配"原则

现代企业人力资源管理理论认为，人是企业的一种资本——人力资本，企业家是企业最重要的人力资本，而且还是最稀缺的资源。企业家是通过人力资本的投资形成的，即由不具有企业家才能的人转变为具有企业家才能的人。既然企业家是一种资本，那么，企业家人力资本就应该像企业其他投资资本一样，构成企业产权的一部分，并享有收益获得权，即企业家的薪酬要实行"按资分配"原则。根据企业家人力资本占企业的总资本额的比例和企业总收益，确定企业家个人的薪酬。但是，企业家作为一种资本与企业的其他资本不同。其他资本能否获得回报、获得多大回报是由企业家经营决定的，而企业家自己这个资本能否获得回报、获得多大回报是由他（她）自己确定的。此外，企业家人力资本不具有其他资本的可替代性，所以，企业家人力资本回报率不能简单地等同于其他资本的回报率，需要根据不同生产要素对企业收益增长的贡献率来确定。

（四）"按知分配"原则

企业家作为一种特殊的职业，需要具备经营能力、创新能力、识别风险与承担风险能力。人力资本投资与人的能力之间固然有关联性，但不代表人力资本价值高的人就能成为优秀的企业家。现代企业管理的一个理念是，"不是看你拥有多少、做了多少，而是看你贡献了多少"。企业家从事企业经营活动过程，是一个知识应用的过程；企业能否取得所有者期望的结果，很大程度上依赖于其拥有的知识以及对知识的应用。所以，"按知分配"原则主张，企业家的薪酬应该与其掌握知识的多寡以及知识的应用情况挂钩。在这一原则下，合理确定企业家薪酬的关键在于对企业家知识的度量及其知识应用的评价。

（五）"激励报酬"原则

根据激励公平理论，一个人工作积极性不仅取决于绝对报酬，还取决于相对报酬。按照这一理论，企业家薪酬的确定不仅取决于其当前投入，还应该考虑到其过去的薪酬与投入和其他可比较对象的薪酬与投入。根据激励期望理论，一个人的行为受到行为的预期结果影响，反过来，预期的结果也会约束人的行为。按照这一理论，企业家薪酬的确定需要与企业发展的预期结果挂钩，通过预期报酬激励与约束企业家的行为。此外，企业家的行为与企业发展之间具有时间延迟性，因此，从投入产出角度看，也有必要根据企业的未来收益确定企业家薪酬。

（六）"市场化"原则

不管采用什么原则确定企业家的薪酬，对于所有者来说最终的目的都是为了激发企业家的工作积极性、主动性和创造性，确保所经营资产的保值与增值以及企业的可持续发展。如果没有企业家市场，如果企业家没有危机感和竞争意识，那么，不管根据什么原则、确定多高的薪酬，都难以对其产生好的激励与约束作用。企业家的劳动、资本价值以及知识，只有通过市场才能得以衡量和最好发挥。所以，企业家的工资要推行市场化，由市场机制确定其薪酬的高低。

在实际经济生活中，单单采取哪一种确定薪酬的原则都不合适。比如，若仅遵循"按劳分配"原则，就难以体现人力资本的价值；若仅遵循"按职责分配"原则，薪酬就取决于"职责"而不是人了；若仅遵循"按资分配"原则，就难以区分具有相同人力资本而具有不同才能的人对企业发展贡献的差异；若仅遵循"按知分配"原则，又产生如何衡量知识，确定知识与企业收益之间关系等较为复杂的问题；若仅遵循"激励报酬"原则，那么薪酬中的很大一部分内容常常属于"保健因素"，难以起到激励作用；若仅遵循"市场化"原则，又需要企业家市场机制的建立与完善；等等。因此，笔者主张，企业家薪酬的确定，需要综合应用上述不同的原则，根据企业的具体情况有所侧重，并随着企业的发展进行调整。

二、确定企业家薪酬的主要影响因素与模式

企业家作为人力资本和企业知识的载体，应该享有参与企业权力和利益分配的权力。参与分配的企业权力包括股权、职权和机会；参与分配的经济利益包括工资、奖金、津贴、红利和福利等。这两方面权力的分配构成了企业家薪酬的主要内容。当然，企业家的追求还包括政治目标、社会目标以及自己的价值观。企业家的薪酬通常是指经济上的报酬，包括两个部分：薪金收入和剩余红利收入。企业家薪酬给付的方式多种多样，从国内外的情况看，一般采取年薪制并辅助以股票期权制。具体模式及其报酬结构有：

（1）准公务员型模式：基薪+津贴+养老金计划；

（2）一揽子模式：单一固定数量年薪；

（3）非持股多元型模式：基薪+津贴+风险收入（效益收入和奖金）+养老金计划；

（4）持股多元型模式：基薪+津贴+含股权、股票期权等形式的风险收入+养老金计划；

（5）分配权型模式：基薪+津贴+以"分配权""分配权"期权形式体现的风险收入+养老金计划。

除以上模式外，还有企业采用"谈判工资""黄金降落伞制""沉淀福利制度""职务工资制度""岗位工资制度""年功序列工资制"等薪酬制度。那么，企业应该采用哪一种薪酬模式呢？或者应该创新什么样的模式呢？从权变观点看，恐怕没有唯一的答案，主要看是否合理、合法和

有利于所有者预期目标的实现，即需要考虑以下几个方面：

1. 企业家的行为成本

企业家的行为成本由两部分构成，一是其长期投资形成的人力资本，另一个是其从事企业家这一职业的现实行为成本。企业家不仅需要良好的文化知识素质、思想素质，还要有出色的经营管理能力和技巧。但这些不是人天生固有的，要靠后天的学习、培养、锻炼和积累，这些就是企业家长期投资形成的人力资本。作为一种劳动职业，企业家也要付出劳动、花费时间、消耗精力，这些都是企业家的现实行为成本。

企业家的长期投资成本是难以统计核算的，但可以从他所具有的学历、文凭、技术职称和工作年限等方面给予衡量。企业家的现实行为成本往往与他所承担的责任紧密联系，责任越大，行为成本就越高；反之亦然。企业家所承担的责任可以从企业的经营规模、职工数量、企业目标等方面来衡量。企业家的行为成本越高，其预期获得的报酬就越高，并希望过去的投入能够在现在和未来得到回报。

2. 企业家的贡献

如果说企业家的行为成本是对他所从事职业的投入的话，那么企业家对企业的贡献就是他投入的产出。企业家的贡献越大，所获报酬就应该越多。企业家的贡献是通过他的组织管理工作从企业总体产出上凸显出来的。企业的总体产出主要表现为企业资产（包括无形资产）存量、企业权益、市场价值、员工福利和对社会的贡献等方面。然而，判别企业家贡献大小的困难在于，尚缺乏区分企业家个人与其他生产要素对企业贡献的理论与有效方法。

衡量企业家贡献的可行尝试，便是应用弹性分析法，即假定一段时期内企业其他生产要素的贡献水平保持不变或只按一定增长水平变化，以企业家任职前后企业总体产出水平的变动状况作为判断依据。这里之所以强调以企业家个人对企业的贡献而不是企业总体产出水平，作为确定其薪酬的一个影响因素的原因，是为了避免将企业其他人或生产要素对企业的贡献充当企业家个人的贡献，防止对滥竽充数者和劳而无功者的奖励。

3. 企业家承担的风险

企业家承担的风险包括企业经营风险和个人经济风险。企业经营风险，是指由于企业家可控的或不可控的因素导致企业经营失败的可能性。企业家个人经济风险，是指由于企业家通常以各种方式获得企业的股份，成为企业的一名股东，或根据企业经营业绩获得薪酬，如果因为非企业家本人因素导致的企业经营的失败，将会给企业家个人带来经济上的重大损失。

一般说来，企业规模越大，经营环境越复杂、变化越快，企业家的风险就越大。但是，这里也存在一个"风险悖论"，也就是既要承担风险，又要避免风险。因此，对于企业家承担的风险大小，要通过对同类环境条件下大量企业风险历史的统计取得的经验概率来衡量。为了保证企业家能够承担这些风险，激发其创新与冒险热情，就应该给他一定的风险补偿。另外，企业家风险补偿的确定，还与社会保障体系、企业家进入与退出企业的机制是否建立与健全有关。

4. 企业家的机会成本

一个有才华的人并非只能做或只愿做企业家，这往往是他在多种可能的职业中比较选择的结果。影响一个人职业选择的因素很多，其中一个重要的判断依据就是他的机会成本。如果从事其他职业所能获得的报酬比做企业家丰厚，在其他条件相近的情况下，他可能不选择做企业家，即使从事了这一职业，其工作热情也会受到影响。

一个人可能从事的职业是多种多样的，因而，他的机会成本是多少，别人是无法知道的。但从社会平均的观点看，可以以同等素质能力的人的平均收入作为衡量水平。

5. 企业支付能力、盈利状况

企业的产生与发展有一个生命周期过程，处在生命周期的不同阶段企业盈利水平不同，财务状况也不同。所以，企业家的薪酬不能超出企业支付能力许可范围。企业是盈利性组织，企业家的薪酬对于所有者来说是企业的经营成本，因此，在企业家受聘期间，扣除其薪酬后的企业盈利水平要满足所有者的期望目标。

6. 企业整体性激励

企业家作为一名管理者，其有一项重要职能是如何调动其他员工的热情，因为企业经营目标的实现要靠大家，而不是靠他自己一个人。所以，企业家薪酬高低的确定，还要考虑与企业内部员工之间的差距。这个差距多大为宜，只能根据企业具体情况确定。

7. 政府法律、法规

薪酬给付的内容和数额大小要符合政府的法律、法规。

综合上述分析，本文提出企业家薪酬确定的模式如下：

薪酬结构：企业家薪酬 = 基本工资 + 股份收入 + 风险收入 + 期权收入

企业目标：Max∑（企业收益−企业家薪酬）

约束条件：企业家薪酬 ÷ 一般职工的薪酬 ≤ K（内部约束条件）

企业家薪酬 − 企业家市场价格 ≤ ε（市场约束条件）

在薪酬结构中，基本工资部分，反映企业家现实行为成本的回报，由其工作职责、劳动强度、劳动时间和环境条件等决定，包括津贴，体现"按劳分配"和"按职责分配"原则；股份收入部分反映企业家作为人力资本投资和拥有知识这一生产要素的收益回报，由企业家自身人力资本价值和其知识量及应用情况决定，体现"按资分配"和"按知分配"原则；风险收入部分，反映企业家职业风险的补偿，由社会保障金、养老保险金等构成，体现对企业家创新精神的鼓励；期权收入部分，由企业的未来业绩决定，反映企业家行为产出的滞后性，体现投入产出原理和"激励报酬"原理，实现对企业家短期行为的约束。由于企业未来业绩具有不确定性，所以也有人将"期权收入"纳入"风险收入"范畴。

在约束条件中，内部约束条件主要体现"激励报酬"原则，企业家收入与一般职工收入的差异不能太大，其倍差K由职工承受能力决定，体现对企业整体性激励的考虑；外部约束条件主要体现"市场化"原则，考虑到了企业家的机会成本因素，ε为企业家薪酬与企业家市场价格的差异。

第三节　知识工作者流动的特点、原因与对策

随着新经济时代的到来，国家与国家之间以及企业与企业之间竞争的焦点表现在技术的较量上，而技术的竞争又表现在人力资源，特别是知识

工作者的较量上。社会经济发展的这一大环境，为知识工作者的流动创造了需求；另外，随着经济全球化和信息网络化进程的加快，国与国之间的界限日益模糊，这为知识工作者的流动提供了可能，于是知识工作者的全球流动也将日益频繁，成为未来人力资源流动的一大趋势。尽早地预见知识工作者流动的规律，对于国家或地区构筑人力资源战略，有效地开发与使用人力资源，具有十分重要的现实意义和理论意义。笔者下面对知识工作者流动的特点、原因和对策做出初步分析，最后结合我国实际给出主要启示。

一、知识工作者及其流动特点

（一）知识工作者

随着知识与技术全球化创新的涌现、速度型企业的出现和新经济时代的到来，现代企业正面临着一种新的竞争环境——不间断的变革和高度的不确定性。在这一环境下，国家、企业要生存，要保持可持续发展，关键是要通过管理找到知识创造、传播和运用的最佳途径。 而知识的产生与应用归根到底离不开高效率和高素质的员工。也就是说，国家之间的竞争，企业之间的竞争，知识的创造、利用与增值，资源的合理配置，最终都要靠知识的载体——知识工作者来实现。

知识工作者，是指那些掌握和运用符号和概念、利用知识或信息工作的人。当彼得·德鲁克最初发明这个术语的时候，他实际上所指的知识工作者是经理人或者执行经理。但在今天，这个术语在实际使用中已经被扩展到大多数白领或者职业工作者。

知识工作者作为追求自主性、个性化、多样化和创新精神的群体，他们更多追求来自工作本身的满足。

（二）知识工作者流动的特点

知识工作者流动的特点主要表现在三个方面：

1. 流动频繁

由于知识工作者自身都掌握一定的技术，他们追求的是自身的发展，同时兼带优厚的福利，一旦他们发现当前的环境不再适合自己的发展或待遇不公时，他们便会另谋出路。

2. 流动方式多样

随着人才流动的日益频繁，流动方式也层出不穷，如考任制，即实行公开招考，用人单位自由选择人才，人才也可凭借实力自由选择单位，这种方式备受知识工作者推崇；兼职制，这种方式鼓励知识工作者的智力流动，一个人可以同时服务于几个单位；交流制，如美国经常组织大学与企业进行合作研究，使理论和应用技术相结合；优惠制，为促进知识工作者向边远地区流动，在工资、住房、财物等方面对他们采取优惠政策；轮换制，在采取优惠政策的同时实行轮换，以调动知识工作者开拓边远地区的积极性。优惠制和轮换制的配合使用对我国目前西部大开发战略下的人员流动而言，不失为一个很好的参考。

3. 流动失衡

由于世界经济发展的不平衡，发展中国家技术环境相对落后，无法有效地抗衡发达国家对人才的吸引力，从而造成本国的人才流失。类似地，在一个国家内部，人才流动也严重失衡，大量知识工作者从边远贫困地区向发达地区流动。

二、知识工作者流动的原因与对策

造成知识工作者流动的因素很多，如社会环境、组织因素、个人因素、非个人因素等。这里着重讨论个人因素。与其他类型的员工相比，知识工作者更加重视能够促进他们不断发展的、挑战性的工作，他们对知识、对个人和事业的成长有着持续不断的追求；他们要求给予自主权，使之能够以自己认为有效的方式进行工作并完成他们的任务。当然，获得一份与自己的贡献相称的报酬并使得自己能够分享到自己创造的财富，仍是一项重要的考虑因素，尽管与成长、自主和成就相比，金钱的边际价值已退居相对次要地位。

根据上述知识工作者流动的原因，笔者有针对性地提出一些对策和建议，从而为企业留住核心员工、保持竞争优势提供参考。

（一）加强人力资源信息管理

企业的内部信息包括：在职人员信息、离职人员信息、员工工作动态跟踪信息、人才储备信息等。企业可以通过这些信息，及时了解知识工作者的各种状况，对可能发生的各种情况做到有备无患。

企业的外部信息包括：同业人员信息、同业人才需求信息、人才供应状况信息等。孙子兵法云："知己知彼，百战不殆"，企业用人也是如此。企业对内部关键人才情况了解的同时，把目光投向企业外部，可拓宽思路，更好地制定适合企业的用人政策。

（二）运用现代激励政策

总体而言，新经济的运行将使得人的个性和创造性得到充分发挥，人在经济活动中的主体地位得到空前的强化。根据知识工作者的特征和现代企业人力资源管理的理论，知识型企业在制定激励人才、留住人才的策略时需要考虑：在激励重点上，企业对知识工作者的激励不是以金钱为主，而要以成就和成长为主；在激励方式上，强调个人激励、团队激励和组织激励的有机结合；在激励时间效应上，把对知识工作者的短期激励和长期激励结合起来，强调激励手段对人才的长期正效应；在激励报酬机制的设计上，要突破原先的事后奖酬模式，转变为从价值创造、价值评价、价值分配的事前、事中、事后三个环节出发设计奖酬机制。

参 考 文 献

［1］Adler, D.J. International Organizational Behavior, second edition, Boston: Kent, 1991.

［2］Adler, N. & S. Bartholomew. Managing Globally Competent People. Academy of Management Executive, 1992, 6（3）: 52.

［3］Anfuso, D. PepsiCo. Shared Power and Wealth with Workers. Personnel Journal, 1995, June, 42–49.

［4］Appelbaum, E., & Batt, R. The New American Workplace: Transforming Work Systems in the United States. Ithaca, NY: ILR Press, 1994.

［5］Arvey, R. D., Renz, G. L., & Watson, T. W. Emotionality and Job Performance: Implications for Personnel Selection. In G. R. Ferris （Ed.）, Research in Personnel and Human Resources Management, vol. 16: 103–147. Greenwich, CT: JAI Press. 1998.

［6］Asanum. Manufacturer–supplier Relationships in Japan and the Concept of Relational –specific Skill. Journal of the Japanese and International Economics, 1989, 3: 1–30.

［7］Barney, J. B. Firm Resources and Sustained Competitive Advantage. Journal of Management, 1991, 17: 99–120.

［8］Barney, J.B. & M. H. Hansen. Trustworthiness as a Source of

Competitive Advantage, Strategic Management Journal, 1994, Winter special Issue, 15: 175–190.

[9] Bartlett, C.A. & S. Ghoshal Managing across Borders: The Transnational Solution. Harvard Business School Press, Boston, MA, 1989.

[10] Becker, B., & Gerhart, B. The Impact of Human Resources Management on Organizational Performance: Progress and Prospects. Academy of Management Journal, 39: 779–801, 1996.

[11] Bolwijn, P.T. & T. Kumpe. About Facts, Fiction and Forces in Human Resource Management. Human Systems Management, 1996, 15: 161–172.

[12] Boudreau, M. Loch, K.D., Bobey, D.& Straud, D. Going Global: Using Information Technology to Advance the Competitiveness of the Virtual Transnational Organization. Academy of Management Executive, 1998, 12 (4): 120–128.

[13] Brown, C. W., & Ghiselli, E. E. Industrial Psychology. In C. P. Stone & D. W. Taylor (Eds.), Annual Review of Psychology, vol. 3: 205? 32. Stanford, CA: Annual Reviews, Inc, 1952.

[14] Carr, C. Competency-led Strategies Based on International Collaboration: Four Case Studies of Anglo-Japanese Cooperation. Knowledge and Process Management, 1997, 4 (1): 49–62.

[15] Carrell, Michael R., Kuzmits, Frank E., Elbert, Norbert F. Personnel Human Resource Management. Third Edn, Merrill Publishing

Company, 1989.

[16] Chadwick, C., & Cappelli, P. Alternatives to Generic Strategy Typologies in Strategic Human Resource Management. In P. Wright, L. Dyer, J. Boudreau & G. Milkovich (Eds.), Research in Personnel and Human Resources Management, Supplement 4, Strategic Human Resources Management in the 21st Century: 11–29. Greenwich, CT: JAI Press, 1999.

[17] [Chandler, A. D. Scale And Scope: The Dynamic Of Industrial Capitalism. Cambridge, MA: Harvard University Press, 1990.

[18] Chruden, Herbert J. & Arthur W. Sherman, Jr.: Managing Human Resources, 7th Edn, South –Western Publishing Co., 1984.

[19] Charles, H. Fine. Clock speed: Winning Industry Control in The Age of Temporary Advantage, Perseus Books, 1998.

[20] Cicourel, A. The Front and Back of Organizational Leadership: A Case Study. Pacific Sociological Review, 1: 54–58, 1958.

[21] Cleveland, J. N., & Murphy, K. R. Analyzing Performance Appraisal as Goal–directed Behavior. In G. R. Ferris (Ed.), Research in Personnel and Human Resources Management, vol. 10: 121–185. Greenwich, CT: JAI Press, 1992.

[22] Cooper, W. H., Graham, W. J., & Dyke, L .S. Tournament Players. In G. R. Ferris (Ed.), Research in Personnel and Human Resources Management, vol. 11: 83–132. Greenwich, CT: JAI Press, 1993.

[23] Cordero, R. Changing Human Resources to Make Flexible

Manufacturing System （FMS） Successful The journal of High Technology Management Research， 1997, 8（2）： 263-275.

［24］Dawar， N. & T. Frost. Competing with Giants： Survival Strategies for Local Companies in Emerging Markets. Harvard Business Review， 1999, March-April.

［25］Delaney， J.， Lewin， D.， & Ichniowski， C. Human Resource Policies and Practices in American Firms. Washington： U.S. Government Printing Office， 1989.

［26］Delery， J. E.， & Doty， D. H. Modes of Theorizing in Strategic Human Resource Management： Tests of Universalistic， Contingency， and Configurational Performance Predictions. Academy of Management Jour-nal， 39： 802-835， 1996.

［27］Dipboye， R. L. Structured and Unstructured Selection Interviews： Beyond the Job-fit model. In G. R. Ferris （Ed.）， Research in Personnel and Human Resources Management， vol. 12： 79-123. Greenwich， CT： JAI Press， 1994.

［28］Volberda， H.K. Building the Flexible Firm： How to Retain Competitive Oxford University Press， New York， 1998.

［29］Wayne， S. J.， Liden， R. C. Effects of Impression Management on Performance Ratings： A Longitudinal Study. Academy of Management Journal， 1995, 38： 232-260.

［30］Wright， P. M.， Snell， S. A. Toward a Unifying Theory for

Exploring Fit and Flexibility in Startegic Human Resource Management. Academy of Management Review, 1998, 23: 756–772.

[31] Zahra, S. A. & O' Neill, H.M. Charting the Landscape of Global Competition: Reflections on Emerging Organizational Challenges and Their Implications for Senior Executives. The Academy of Management Executive, 1998, 12（4）: 13–21.

[32] Vecchio, R. P. It's Not Easy Being Green: Jealousy and Envy in the Workplace. In G. R. Ferris （Ed.）, Research in Personnel and Human Resources Management, vol. 13: 201–144. Greenwich, CT: JAI Press, 1995]